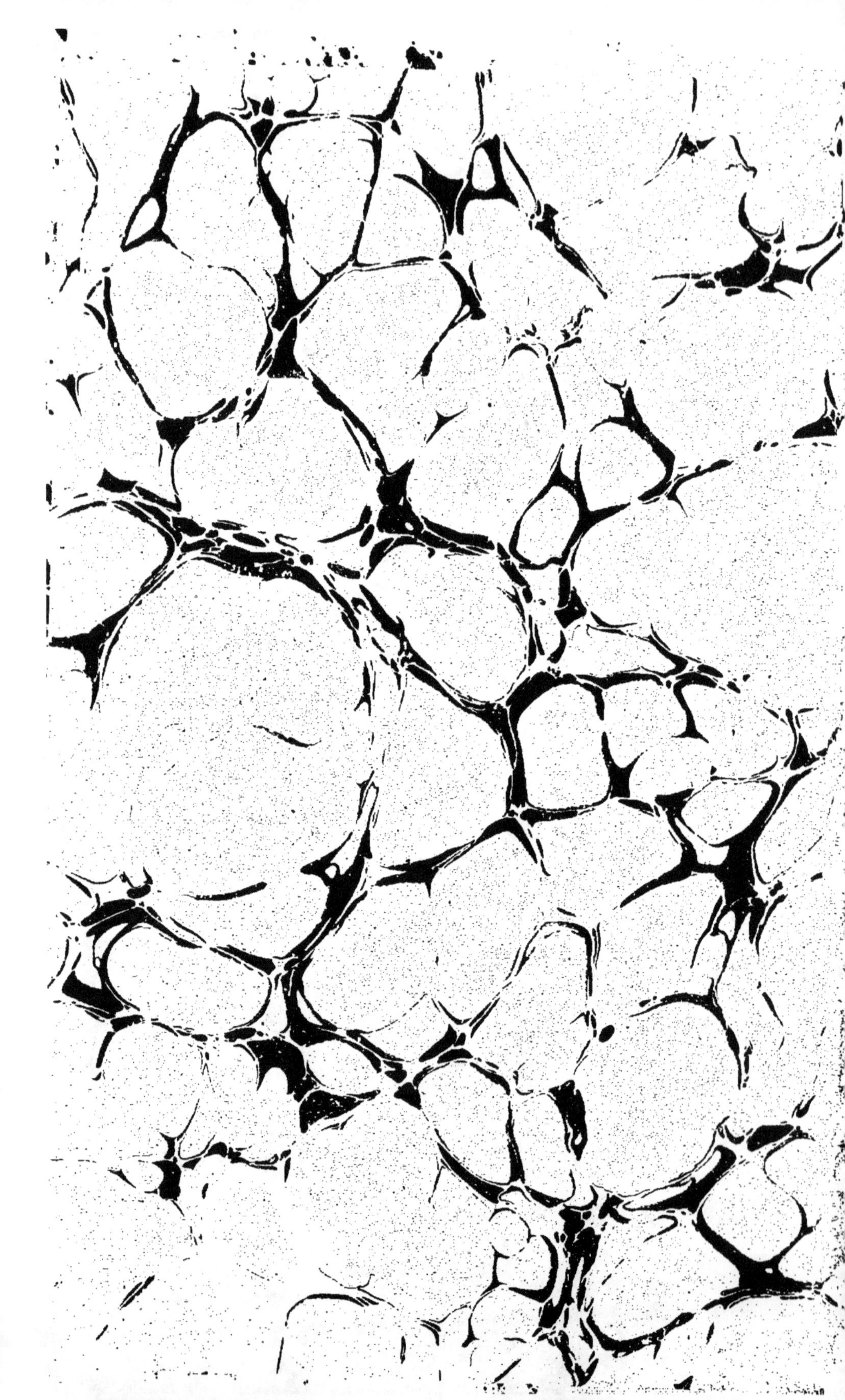

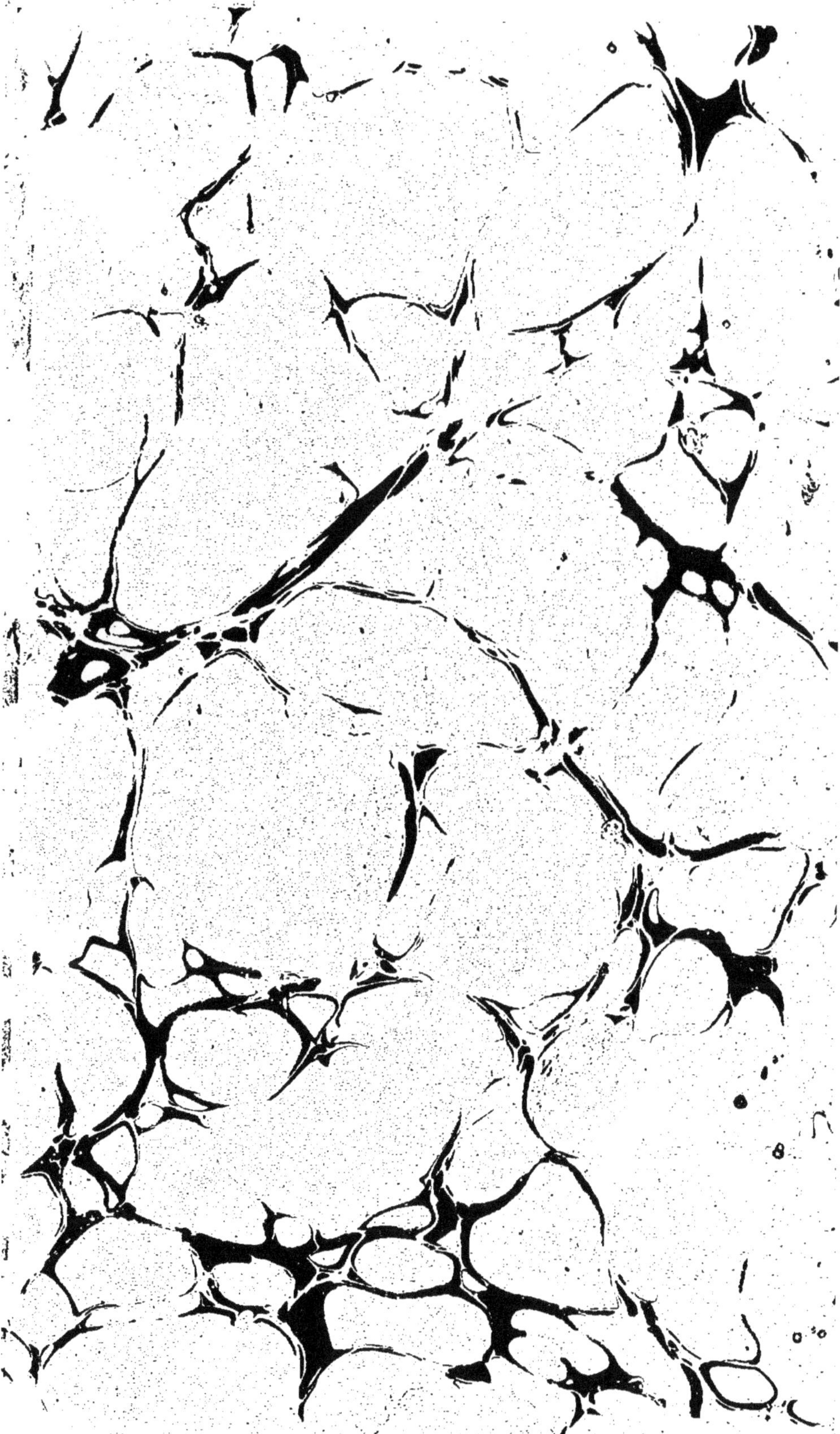

# A LA DÉCOUVERTE DU VRAI

## VOIE NOUVELLE

PAR

JOSEPH SERRE

LYON
Ancienne Maison Giraudier et Glairon
AUGUSTE COTE, LIBRAIRE
8, place Bellecour, 8

PARIS
Ancienne Maison Ch. Douniol
H. CHAPELLIEZ ET Cie
Libraires-Éditeurs
29, rue de Tournon, 29

1889

A LA

# DÉCOUVERTE DU VRAI

A LA

# DÉCOUVERTE DU VRAI

## VOIE NOUVELLE

PAR

JOSEPH SERRE

LYON
Ancienne Maison Giraudier et Glairon
AUGUSTE COTE, LIBRAIRE
*8, place Bellecour, 8*

PARIS
Ancienne Maison Ch. Douniol
H. CHAPELLIEZ ET Cie
Libraires-Éditeurs
*29, rue de Tournon, 29*

1889

LYON. — IMP. P. MOUGIN-RUSAND.

# PRÉFACE

*Ce livre est plus qu'une œuvre sincère.*

*C'est bien, la sincérité; mais d'abord le lecteur n'est pas tenu d'y croire, et puis la sincérité n'exclut pas l'erreur. On peut se tromper le plus sincèrement du monde, si à la sincérité du cœur ne se joint pas la liberté de l'esprit.*

*La liberté de l'esprit! l'indépendance de la pensée! Il faut savoir gré à notre siècle de revendiquer à haute voix cette condition suprême de la découverte du vrai.*

*Ce livre est l'œuvre d'un esprit libre.*

*Est-ce bien sûr? — Est-il possible, à l'heure qu'il est, dans l'horrible mêlée politico-religieuse, où la philosophie est une arme comme tout le reste, d'échapper si complètement aux secrètes influences de la passion et du parti pris, aux insensibles perturbations de l'esprit par le cœur, qu'on puisse s'arroger sans flatterie ce titre éminent de penseur libre?*

*L'auteur de cet essai répond sans hésiter : Oui.*

*Longtemps, c'est vrai, il aurait répondu : Non. Longtemps il s'est demandé par quel moyen magique, par quelle méthode inconnue, l'impartialité de la pensée pourrait être garantie et sa rectitude assurée : ce moyen lui échappait.*

*Sûr aujourd'hui de l'avoir découvert, heureux de cheminer par cette* voie nouvelle, *et sans danger possible d'erreur, à travers les idées et les systèmes sans nombre, il s'empresse de tendre à toute main amie le fil conducteur qui l'a guidé lui-même, à partir du grand fait de la morale universelle, déclarée maintenant indépendante des philosophies et des religions.*

*J. S.*

A LA

# DÉCOUVERTE DU VRAI

---

## I

## LE LABYRINTHE INTELLECTUEL

---

J'arrive de voyage.

D'un voyage sur les sommets — non pas des Alpes ou des Pyrénées, mais des religions et des philosophies du globe. Montées rudes! J'ai gravi Hégel, j'ai escaladé Kant. J'ai couru le montagneux pays de la pensée ardue, et j'arrive. Dirai-je avec Montaigne, de retour du même pays : « Qui fagoterait savamment un amas des âneries de l'humaine sapience, il dirait merveilles? » Dirai-je avec Cicéron résumant, lui aussi, ses impressions de voyage : « Il n'y a pas d'extravagance qui ne soit soutenue par quelque philosophie? »

Je ne dis pas cela.

J'ai le plus profond respect pour les héros de la pensée humaine, pour ces nobles chercheurs de la céleste pierre philosophale, pour tous ces aventu-

riers sublimes, Herschells des lumières de l'esprit, Colombs des Amériques idéales. Tout effort est beau, et avant de les critiquer, je les admire. J'applique en philosophie les principes de politesse esthétique de Sainte-Beuve en littérature : « J'aime tout ce qui est de l'homme, quand l'homme est distingué et supérieur ; je me laisse et laisserai toujours prendre à la curiosité de la vie, et à ce chef-d'œuvre de la vie, un grand et puissant esprit : avant de la juger, je ne pense qu'à la comprendre, et à en jouir, quand je suis en présence d'une haute et brillante personnalité. »

Mais l'admiration n'est pas tout. Admirer est la préface obligée de toute critique large et savante : ce n'en est que la préface. La bienveillance satisfaite, la vérité prend ses droits, et juger est l'essence même de la critique. Le mot l'indique, critiquer c'est juger.

Or ici, bienveillance, admiration, politesse, se trouvent parfois dans un cruel embarras.

Que faire? Je respecte fort tous les philosophes, mais les philosophes ne se respectent guère entre eux.

Pas un système de l'un qui n'ait été nié par l'autre.

Les esprits se battent.

Preuve qu'ils s'accordent! me dira Hégel.

Mais Hégel est raillé à son tour.

Où est la vérité? La voici, dit Socrate. — Non, riposte Gorgias, ceci n'est pas la vérité, c'est l'erreur. — Elle est ici, dit Epicure. — Non, elle est là, dit

Zénon. — Entre les deux, prétend Carnéade. — Pyrrhon crie : Nulle part. — Démocrate rit. — Héraclite pleure.

Les pensées se croisent, les vents se contrarient et tous soufflent à la fois.

Où est la boussole?

Et ce n'est pas seulement dans les détails et les menus problèmes, ou dans les questions oiseuses et de pure curiosité théorique, qu'éclatent les désaccords des philosophes. S'il en était ainsi, nous pourrions dire : peu importe. Des querelles sur la quadrature du cercle, le nombre infini, ou la possibilité du mouvement, peuvent s'éterniser à leur aise. Mais au-dessus de ces fantaisies abstraites, futilités intellectuelles, verités de luxe dont on peut se passer, il y a les questions vitales et vivantes, les vérités substantielles et nutritives, qui sont à l'esprit ce que le pain est au corps. D'où vient l'homme? où va l'homme? L'homme veut savoir cela, comme l'animal veut manger. On vit : pourquoi? On souffre : pourquoi? On meurt : pourquoi?

L'énigme aux yeux profonds nous regarde obstinée :
Dans l'ombre nous voyons sur notre destinée
Les deux griffes du sphinx.

(V. Hugo)

Or, à ces points d'interrogation pressants et dressés devant l'esprit de l'homme, devant les religions et les philosophies, l'esprit de l'homme, les philosophies et les religions, donnent cent réponses contradictoires. Bossuet croit ceci ; Renan croit cela. L'un a tort, si l'autre a raison. Ont-ils tort tous deux?

Comte dit : Taisez-vous ! Montaigne conclut : Que sais-je ?

Et du haut en bas et du bas en haut, à tous les degrés de l'échelle des problèmes, à toute altitude de l'idée, à chaque ligne de la page d'hiéroglyphes que les penseurs ont à lire, à tous les gradins de la réflexion ascendante ou descendante, même lutte des affirmations, des doutes, des négations, des distinctions. Une question plus haute n'est qu'un plus vaste champ de bataille.

La matière est-elle ? Berkeley en doute.

L'âme est-elle ? Büchner le nie.

Jésus est-il Dieu ? Non dit Strauss.

Dieu est-il accessible ? Non, dit V. Hugo, mais il est.

Dieu est-il ? Non dit Renan, mais il devient.

Que croire ?

La vérité est-elle au moins connaissable ? Non, dit Kant.

Elle existe, au moins ? Non ! dit Gorgias.

Ces contradictions séculaires des philosophes, ces éternelles guerres des esprits ont eu de tous temps dans plus d'une âme impressionnable et délicate, leur contre-coup douloureusement profond. Ecoutez gémir le Doute dans le plus grand de nos poètes

Je vous l'ai déjà dit, notre incurable plaie,
Notre nuage noir qu'aucun vent ne balaie,
Notre plus lourd fardeau, notre pire douleur,
Ce qui met sur nos fronts la ride et la pâleur,
Ce qui fait flamboyer l'enfer sur nos murailles,

C'est l'âpre anxiété qui nous tient aux entrailles,
C'est la fatale angoisse et le trouble profond
Qui fait que notre cœur en abîmes se fond,
Quand un matin le sort, qui nous a dans sa serre,
Nous mettant face à face avec notre misère,
Nous jette brusquement, lui, notre maître à tous,
Cette question sombre : « Ame, que croyez-vous ? »
C'est l'hésitation redoutable et profonde
Qui prend, devant ce sphinx qu'on appelle le monde,
Notre esprit effrayé plus encore qu'ébloui,
Qui n'ose dire non et ne peut dire oui !

C'est là l'infirmité de toute notre race.
De quoi l'homme est-il sûr ? qui demeure ? qui passe ?
Quel est le chimérique et quel est le réel ?
Quand l'explication viendra-t-elle du ciel ?
D'où vient qu'en nos sentiers que le sophisme encombre
Nous trébuchons toujours ? d'où vient qu'esprits faits d'ombre,
Nous tremblons tous, la nuit, à l'heure où lentement
La brume monte au cœur ainsi qu'au firmament ?

. . . . . . . . . . . . . . . . . . . . . . . . . .

Que croire ? oh ! j'ai souvent d'un œil peut-être expert,
Fouillé ce noir problème où la sonde se perd !
Ces vastes questions dont l'aspect toujours change,
Comme la mer, tantôt cristal et tantôt fange,
J'en ai tout remué ! la surface et le fond !
J'ai plongé dans ce gouffre et l'ai trouvé profond !
Je vous atteste, ô vents du soir et de l'aurore,
Etoiles de la nuit, je vous atteste encore,
Par l'austère pensée à toute heure asservi,
Que de fois j'ai tenté, que de fois j'ai gravi,
Seul, cherchant dans l'espace un point qui me réponde,
Ces hauts lieux d'où l'on voit la figure du monde !
Le glacier sur l'abîme ou le cap sur les mers !
Que de fois j'ai songé sur les sommets déserts,
Tandis que fleuves, champs, forêts, cités, ruines,
Gisaient derrière moi dans les plis des collines,
Que tous les monts fumaient comme des encensoirs,

Et qu'au loin l'Océan, répandant ses flots noirs,
Sculptant des fiers écueils la haute architecture,
Mêlait son bruit sauvage à l'immense nature !

Et je disais aux flots : « Flots qui grondez toujours ! »
Je disais aux donjons, croulant avec leurs tours :
« Tours où vit le passé ! donjons que les années
Mordent incessamment de leurs dents acharnées ! »
Je disais à la nuit : « Nuit pleine de soleils ! »
Je disais aux torrents, aux fleurs, aux fruits vermeils,
A ces formes sans nom que la mort décompose,
Aux monts, aux champs, aux bois: « Savez-vous quelque chose ? »

(V. Hugo, *les Voix intérieures.*)

## II

## L'ACCORD MORAL

Savez-vous quelque chose? répéterons-nous avec le grand poète.

Savez-vous quelque chose, religions?

Savez-vous quelque chose, philosophies?

Y a-t-il une philosophie vraie?

Y a-t-il une religion vraie?

Y en a-t-il plusieurs?

Le sont-elles toutes?

N'y en a-t-il aucune?

Le vrai système est-il trouvé pour l'homme, comme il est trouvé pour les astres. L'homme a-t-il ou n'a-t-il pas son Newton?

Je réserve la réponse, ne voulant pas avancer un mot que le lecteur ne m'accorde tout entier. D'ailleurs je n'ai pas à dire mon avis, c'est aux faits à dire le leur. Quelle que soit ma religion ou ma philosophie personnelle, si j'ai le bonheur ou le malheur d'en avoir une, je ne professe ici qu'un seul culte, le culte des faits, et des faits admis de tous, qu'une seule méthode, la méthode positive et expérimentale. Les faits dictent, j'écris, — vrai libre-penseur, dans le sens complet du mot. Car, n'en déplaise aux théoriciens de toute nuance, et au spirituel fabuliste qui met le vers suivant dans la bouche de son huitre,

Je suis positiviste et crois ce que je vois.

Or voici un fait visible :

Après le premier fait constaté des contradictions des philosophes, j'aperçois un second fait.

C'est l'unité de leur but.

Ils pensent diversement, ils veulent la même chose.

Je m'explique.

Demandez à un philosophe, à un fondateur de religion, à l'un quelconque de ces esprits éminents qui portent ou croient porter devant l'humanité le phare de la raison ou de la foi, demandez à un Socrate, à un Lucrèce, à un Confucius, à un Stuart Mill : « Que prétendez-vous ? »

« O nobles amateurs de la vérité, vous dont la devise est : Lumière ! qu'attendez-vous de la lumière et de la vérité ? Quel est votre but en éclairant l'homme ? Le rendre plus beau, meilleur, plus libre, plus idéal, plus parfait ? Ou bien, plus rude, plus méchant, plus laid, plus esclave, plus bestial ? Que voulez-vous ? L'élever ou l'abaisser ? Le faire plus homme ou moins homme ? La vérité est-elle bonne ou mauvaise à voir? Qu'en pensez-vous? Croyez-vous qu'il soit bon pour l'homme de connaître, et que l'ignorance et l'erreur soient des états inférieurs et dégradants? »

Il est clair qu'à pareille question aucun n'hésiterait à répondre. Ici plus de divergences, plus de doutes, plus de contradictions, plus de *que sais-je?* De Maistre embrasse Voltaire qui tend la main à Saint-Simon, et tous s'écrient: Oui, la vérité est bonne, nous voulons le bien de l'humanité.

Ils veulent le bien. Sur ce point, ils sont unanimes. Ils le veulent, et ils le prêchent. Lisez Comte, lisez Bossuet, lisez Epicure ou Confucius, le Coran ou l'Evangile: dans chaque philosophie comme dans chaque religion, après la partie dogmatique il y a la partie morale, où l'auteur, venant d'enseigner ce qu'il faut croire, enseigne ce qu'il faut faire.

Et c'est là, dans cette partie morale des philosophies et des religions, qu'éclate l'accord parfait de toutes les voix. Là, plus de dissonnances, plus de cacophonie d'opinions discordantes et contradictoires, comme en spéculation théorique et en pensée pure. C'est l'harmonie cordiale, c'est l'entente des consciences honnêtes d'un bout à l'autre des espaces et des temps.

Que croire? Sur ce point chacun son dire.

Mais que faire? Oh, ici plus de doutes: il faut faire le bien! Et le bien, de Platon à Kant, de Thalés à Hégel, des Védas de l'Inde au nouveau spiritualisme de Vacherot, le bien c'est toujours la même chose: c'est la justice, c'est la bonté, c'est la modestie, le respect de soi-même et des autres, la tempérance, la patience, le dévouement, la douceur, la philanthropie, la charité. Le bien, c'est la lutte contre l'orgueil, l'avarice, la luxure, l'envie, la sensualité, la colère, la paresse. Le bien c'est la force et l'élévation de l'âme ; d'un mot, c'est la vertu.

La Vertu ! à ce nom, seul cri de ralliement des penseurs dispersés à tous les vents de doctrines, toute querelle s'apaise, tout bruit cesse, on s'incline dans le recueillement du respect, on s'agenouille : ce nom est un temple. Là tous s'assemblent dans une immense et fraternelle unité. Là aux riches de la pensée, aux grands de l'intelligence, aux millionnaires de l'esprit, se mêlent les petits et les humbles. Là, le plus sceptique n'ose sourire, car rire du bien, c'est se déclarer mauvais. Là, tous les hommes, du fond du cœur ou du bout des lèvres, communient à la même foi et au même amour, la foi au bien, l'amour du bien. — Je ne parle pas de sa mise en œuvre, hélas ! L'auteur de la *Nouvelle Héloïse* avait le culte ardent de la pureté morale, et le monde est plein d'inconséquences. Je ne nie pas les vices. Je parle de l'amour platonique de la vertu, de la foi au dogme de la vertu.

Je dis que cet amour et cette foi sont universels et perpétuels. C'est peut-être le seul culte universel de l'humanité. L'instinct moral, qu'on l'explique comme on voudra, l'instinct moral est essentiel à l'homme. C'est ce qui le distingue. La brute ne l'a pas, et l'homme ne le diminue en lui qu'en s'abrutissant. Son absence caractériserait le scélérat consommé et la pire espèce de sauvage, si l'être raisonnable pouvait s'animaliser jusqu'à sa ruine. Mais ce monstre existe-t-il? On trouve sur notre pauvre planète, des indifférences de toutes sortes : indifférence religieuse, indifférence philosophique, indifférence politique, indifférence systématique, jusqu'à l'indifférence rationnelle des aliénés et des crétins. Trouve-t-on, ailleurs que chez ces mêmes crétins, la vraie indifférence morale? Y a-t-il un être raisonnable, je ne dis pas sans moralité (ils sont nombreux), mais sans conscience de son immoralité ou au moins de l'immoralité des autres. Un être humain pour qui, sérieusement et consciencieusement, ces deux mots de toutes les langues, *vice* et *vertu*, n'aient pas de sens ou soient synonymes? qui pose l'équation instinctive de l'honnête homme homme et du coquin? qui ne distingue pas Ganelon et Léonidas? qui pesant Régulus et Néron dans la balance de son estime, la sente en équilibre stable? Ce cas tératologique s'est-il produit? je ne sais. En tout cas, dans le grand concert universel et perpétuel de toutes les voix des peuples, dans cet immense *Credo* que par toutes les bouches de ses religions et de ses philosophies contradictoires sur tout le reste, le genre humain chante à la Vertu, peu importe qu'une voix de protestation s'élève. On ne compte pas la protestation d'un monstre, qui d'ailleurs ici se contredirait elle-même en se prétendant sincère, puisque la sincérité déjà est une vertu.

# III

## L'HOMME PARFAIT.

---

La Vertu! Nous avons donc enfin, au milieu des vagues tumultueuses des contradictions intellectuelles, religieuses et philosophiques, trouvé le point ferme. Nous avons trouvé le point calme, l'île pacifique émergeant du sein des doutes et des ondoyantes incertitudes.

Ici, le scepticisme n'a plus de prises. Celui de Kant, le plus formidable de tous, s'est arrêté là. La Vertu lui a dit : Tu n'iras pas plus loin.

Ici, Paul Bert est d'accord avec Bossuet, et la morale indépendante avec la morale évangélique.

Il n'y a qu'une morale.

Il n'y a qu'une voix pour me dire, et c'est celle de l'humanité tout entière : Fais le bien.

Fais le bien! Sois bon! Celui qui nierait cela, tomberait sous le coup de sa propre négation ; on ne croit pas un malhonnête homme.

Sois bon! C'est le grand dogme du genre humain. C'est peut-être le seul absolument universel et incontesté, parce qu'il ne peut pas ne pas l'être.

D'ailleurs, tout est là, nous le verrons.

Sois bonne, dit le poète à la jeune fille, et il peut le dire à l'humanité :

> Sois bonne, *la bonté contient les autres choses.*
> Le Seigneur indulgent sur qui tu te reposes,
> Compose de bonté le penseur fraternel.
> La bonté, c'est le fond des natures augustes :
> D'une seule vertu, Dieu fit le cœur des justes,
> Comme d'un seul saphir la coupole du ciel.

Je ne parle pas de la bonté niaise et indifférente se donnant bêtement au mal comme au bien, mais de cette bonté morale qui est la vertu même.

C'est d'elle, c'est de la vertu, que je dis : Elle est le tout de l'homme.

Oui, la vertu est le tout de l'homme, je le répète.

Regardez.

---

Voici l'homme de bien qui passe. Suivons-le.

Est-il juif, mahométan, bouddhiste, chrétien, disciple de Socrate ou de Hégel?

Dans l'hypothèse, peu importe. C'est un homme de bien, un franc-maçon idéal, si vous le voulez, moins ses négations, ou un catholique, moins ses croyances.

Bref, un pur honnête homme, un homme uniquement moral, sans aucune idée des philosophies, ni des religions, ni pour ni contre, mais moral au suprême degré, sensible aux plus doux murmures de sa conscience restée délicate et virginale, d'une bonne volonté absolue, aimant les hommes d'un amour ardent, sincère, actif, délicat, universel.

La Vertu en personne, c'est lui.

Nous pouvons le suivre, car il ne se cache pas, et l'épier, car il ne fait pas le mal.

Sa conscience a beau parler bas, il l'entend.

Juste, dans le plein sens du mot, il ne se contente pas de cette grosse honnêteté vulgaire qui évite le scandale et le gendarme, l'assassinat et le vol, et, par égoïsme souvent plus que par justice, n'observe du respect des autres que les formes extérieures, et seulement les plus grossières.

Lui, ne tue pas, mais à aucun degré ni dans aucun sens du mot. Calomnier, c'est tuer. Offenser, c'est blesser. Il ne tue rien, il ne blesse rien, ni dans les autres ni en lui-même, ni sa modestie par un acte d'impudeur, ni sa sobriété par la moindre intempérance.

Lui, ne vole pas, mais à aucun degré ni aucun bien, pas même une joie par une indélicatesse, ou par un regard la fraîcheur d'une innocence.

Il ne fait tort de rien à personne. Il n'ôte rien.

Ce n'est pas assez : ne pas nuire n'est que justice négative, celle qui a pour règle : ne pas faire aux autres ce qu'on ne voudrait pas à leur place. Au-dessus, est la justice positive : faire aux autres ce qu'on voudrait à leur place. Et c'est la vraie justice. Ne pas haïr n'est que la préface de la loi, aimer c'est la loi-même.

Il ne suffit pas au juste de ne pas faire le mal, il fait le bien.

Non seulement il *n'ôte* rien, mais il *donne*.

Il donne à tous tout ce qu'il voudrait lui-même, et avec joie.

Il donne tout ce qu'il peut donner, et sa vie, s'il le faut, avec amour.

Il se renonce et vit pour les autres, car la Charité c'est la Justice.

Il fait cela tous les jours de sa vie, et son idéal est si grand que, cela fait, il reste humble.

Voilà le juste. Voilà l'homme moral complet, le pur honnête homme, le saint anonyme et universel, celui qui fait taire toutes nos contradictions philosophiques ou religieuses, celui que nous voulons tous, que nous ne pouvons pas ne pas applaudir tous.

Voilà l'Homme.

Multipliez-le par un milliard, que devient la société?

---

Précisément ce que nous voulons tous, tant que nous sommes. Oui, tous, épicuriens, stoïciens, utilitaires, individualistes, socialistes, communistes, monarchistes, républicains, anarchistes.

Quel est l'idéal stoïcien? la force d'âme.

Quel est l'idéal épicurien? le bonheur.

L'idéal utilitaire? l'intérêt social.

Que veut l'individualiste? la suprématie de l'individu.

Le socialiste? la suprématie de l'État.

Le communiste? la communauté des biens.

Que veut le monarchiste? le gouvernement d'un seul

Le républicain? le gouvernement de la nation par elle-même.

L'anarchiste? point de gouvernement.

Or, tout cela semble inconciliable, et tout cela se concilie.

C'est très simple.

Il y a un bâton magique qui découvre la pierre philosophale, une sainte fée qui peut l'impossible : c'est la bonne volonté.

Pas n'est besoin de mettre le feu à la société pour réaliser des utopies.

Il suffit d'y mettre la vertu.

Et les utopies sont des réalités.

Regardez.

Comme tout se transfigure!

D'abord, la souffrance décroît dans des proportions indéfinies. La paresse étant nulle, la misère est absente, ou la charité la relève aussitôt. Les maladies nées des excès disparaissent. Plus de ces tortures du remords, nées du vice, et qui ont tué tant d'hommes. La conscience est, comme le corps, en paix et en joie. C'est le bonheur.

Ce bonheur ne nuit pas à la dignité de l'âme. Il en découle, au contraire.

Épicure et Zénon sont satisfaits.

Les économistes sont exaucés. Car la vertu est la première des utilités sociales. Tous travaillant, la richesse devient immense. Tous sont riches. Mais Jésus est content, car tous sont pauvres de cœur.

La propriété sera-t-elle personnelle ou commune, l'État primera-t-il l'individu ou l'individu l'État? peu importe. Les deux systèmes s'identifient dans la charité de la justice. Chacun possède, mais chacun donne, à chacun suivant ses besoins (Louis Blanc). C'est le partage, mais libre, et sans danger, la paresse étant absente. C'est le communisme, mais volontaire ; l'union idéale et réelle de la propriété individuelle la plus inviolable et du plus radical socialisme.

Et les politiques, peut-on les mettre d'accord? Qui s'en chargerait?

Encore la Vertu.

Avec le vice, tous les gouvernements sont mauvais, et aucun n'est suffisant.

Avec la vertu, tous sont bons, et aucun n'est nécessaire.

La monarchie est bonne, le roi et les sujets n'ayant qu'une volonté, la justice.

La république est bonne, tous les citoyens n'ayant qu'un cœur et qu'une âme.

Mais à quoi bon un gouvernement, quand l'homme sait se gouverner lui-même? L'anarchie est bonne! quand règne la vertu. Plus de tribunaux pour maintenir l'ordre, plus de codes, plus de prisons, plus de gendarmes, plus d'armées, plus d'États, plus de nations! C'est plus que la république universelle rêvée par les francs-maçons ; c'est l'anarchie universelle, rêvée par les nihilistes.

*Ama et fac quod vis*, a dit quelqu'un ; aimez le bien et faites ce que vous voudrez. En politique comme ailleurs, la vertu unifie tous les systèmes et accomplit tous les désirs : son règne serait l'anarchie la plus délicieusement ordonnée, l'alliance de l'autorité la plus absolue avec la liberté la plus entière.

O progrès! voilà la société idéale et le paradis sur terre.

Et pour y arriver, qu'avons-nous à faire?

Nous n'avons qu'à le vouloir.

# IV

## L'HOMME RÉEL

Nous n'avons qu'à le vouloir !

Mais c'est là précisément qu'est l'abime.

Oui, pour exécuter ce que nous désirons tous, ce que rêvent et réclament tous les moralistes, tous les économistes, tous les politiques de tous les temps et de tous les lieux, pour réaliser par l'homme parfait la société idéale, une chose suffit ; et c'est la seule, par bonheur, qui dépende de nous : la volonté.

Or, c'est précisément celle qui manque !

Nous savons où est le bien moral, nous appelons de tous nos vœux ses résultats d'ordre, de liberté et de bonheur. Nous croyons au bien, c'est même la seule foi universelle, nous adorons platoniquement le bien, c'est même le seul culte universel. Nous reconnaissons et estimons la vertu, nous l'exigeons à un certain degré dans les autres.

Mais nous n'en voulons pas pour nous-mêmes.

Le juste, voilà l'homme idéal.

L'égoïste, voilà l'homme réel.

Prenez un homme, non pas dans les milieux variables, et plus ou moins modifiants, des religions et des philosophies si diverses ; non pas un homme influencé par des négations ou des convictions d'esprit, comme le franc-maçon ou le catholique ; mais un homme au naturel, un homme purement moral, sans autre lumière que la lumière éternelle et universelle de la conscience humaine.

Prenez cet homme, et regardez.

Que voyez-vous?

Un égoïste.

La contre-partie réelle de l'idéal que nous venons d'admirer.

Un double égoïste : orgueilleux et sensuel.

« Un peu de vanité et un peu de volupté, voilà de quoi se compose la vie de la plupart des hommes et des femmes, » a dit Joubert.

Joubert dit : *un peu*, parce qu'il parle de *la plupart,* et que la foule, faute de ressources, est médiocre en tout, même dans le mal. Mais prenez les natures d'élite, les privilégiés du cœur, de la fortune ou du génie, ceux qui osent et qui peuvent.

Prenez un homme, non pas un disciple de Platon ou de Descartes, de Spinoza ou d'Hégel, non pas un chrétien ou un bouddhiste, un déiste ou un athée, mais un enfant avec sa nature vierge, écartez de lui tout semeur métaphysique, toute influence d'école, toute greffe doctrinale apte à modifier plus ou moins les produits de la moralité instinctive ; donnez à cet enfant le cœur de saint Augustin, le génie de Dante et le trône de Néron; dans cette terre vierge cachez tous les trésors, tous les germes de vie et d'activité luxuriante, et laissez croître. Qu'en sortira-t-il?

Je parie pour le monstre.

Un grand homme n'est qu'un plus grand égoïste. Tout sommet est un piédestal à l'orgueil.

Vertige, dira V. Hugo, fatalité des cimes : les Nérons sont Nérons parce qu'ils sont empereurs. Pitié suprême! c'est le trône qui fait le tyran.

Et tenez, que chacun sonde son propre abime.
Voyons, quiconque vit, faible, fort, grand, infime,
Riche, pauvre, l'heureux, celui qui va pieds nus,
Les passants de la rue et les premiers venus,
Celui qui perd sa vie et celui qui la gagne,
Nous tous, supposons-nous portés sur la montagne,
Supposons-nous l'enfant, l'ignorant, l'innocent,
Avec le genre humain sous nos regards gisant,
Et la terre à nos pieds, vertigineuse et grande,
Qu'on nous donne! — A présent, qu'une voix nous demande,
A nous qui sommes-là, béants, sans point d'appui :
— Est-il un seul de vous qui réponde de lui?
Est-il un seul de vous qui dise : Je suis l'être
Que n'éblouira point cette vaste fenêtre
Du pouvoir radieux, gigantesque et charmant;
L'âme supérieure à l'empoisonnement;
Je suis l'enfant plus sage et plus fort que l'ivresse,
Et je ne croirai point la voix qui me caresse;
La terre apparaîtra comme un banquet joyeux,
Le monde s'offrira, je fermerai les yeux;
On me tendra l'orgueil, la volupté, la gloire,
Et je refuserai, moi l'ignorant, d'y boire!
Moi qui ne saurai rien, je devinerai tout!
Est-il un seul de vous qui verra tout à coup,
Grâce aux hommes de ruse et de scélératesse,

S'ouvrir, sous sa faiblesse et sous sa petitesse,
Ce gouffre de splendeur, sans en devenir fou ?
Devant le monde entier fléchissant le genou
Et la toute-puissance étoilée et terrible,
Est-il un seul de vous qui s'affirme infaillible ?
Qui donc, hors Jésus-Christ, osera dire : Moi !

Reculez, reculez, devant ce gouffre : roi !
Devant ce noir sommet des vertiges : le trône !

V. Hugo, *Pitié suprême.*

Tout cela est splendide, comme description du fait ; mais le poète n'aperçoit pas la vraie cause. Le trône ne fait pas plus le tyran que le piédestal ne fait la statue : il le montre. Ne confondons pas les causes et les simples occasions. Sans doute le pouvoir, l'élévation quelconque, est pour l'assouvissement du mal une occasion magnifique, pour l'homme une tentation terrible ; mais la vraie cause du mal est ailleurs, dans les entrailles de notre nature. Que chacun se tâte et s'observe. Chacun de nous est un tyran aux petits pieds, un égoïste en miniature, le contraire plus ou moins accentué du Juste.

Le théâtre varie, mais la nature est la même : en bas c'est comme en haut. Alexandre, grand pirate ; pirate, petit Alexandre. Néron était un grand monstre, parce qu'il nageait en plein Empire, mais dans la moindre goutte d'eau, imperceptibles et méchants, que de petits monstres de même espèce ! Requin ou microbe, l'homme n'est pas beau. Je parle de la beauté morale, de la vertu, de la bonté. Que d'esclaves, Tibères dans leur cœur ! Empereur, tel ivrogne en colère eût incendié Rome : voyez le nihiliste. Quand je hais un homme, un représentant de l'humanité, j'ébauche le vœu de Caligula. Qui rudoie son inférieur, eût approuvé l'esclavage. J'approuve Messaline par ma pensée d'impudeur. Tu approuves Vitellius par ton acte d'intempérance. Ne nous flattons pas. L'homme est misérable. Je suis mauvais, tu es mauvais, il est mauvais, nous sommes mauvais, vous êtes mauvais, ils sont mauvais. « Je ne sais pas ce qu'est la conscience d'un coquin : je ne l'ai jamais été. Mais je connais celle d'un honnête homme ; et c'est épouvantable, » disait de Maistre. « Qu'est-ce que l'homme une fois connu? dit Taine. C'est un animal ; sauf quelques minutes singulières, ses nerfs, son sang, ses instincts le mènent. La routine vient s'appliquer par-dessus, la nécessité fouette et la bête avance. »

Allez voir le sauvage, l'homme nature, au dire de Rousseau. Ce qui le caractérise, c'est la dégradation morale. Les Africains, rapporte Salvien, étaient inhumains, adonnés à l'ivrognerie, à la crapule, et plus encore à la duplicité et au vol. Il appelle l'Afrique un Etna de flammes impudiques plutôt qu'un séjour d'hommes raisonnables. Et, plus ou moins, c'est ainsi partout. Le sauvage est un animal souvent très intelligent, mais vicieux. Que de sauvages pleins d'esprit dans nos civilisations modernes!

Les hommes sont ingrats, méchants, menteurs, jaloux ;
Le crime est dans plusieurs, la vanité dans tous :
Car, selon le rameau dont ils ont bu la sève,
Ils tiennent, quelques-uns de Caïn, et tous d'Ève.

(V Hugo.)

Je prends la vie moderne la plus raffinée, celle de la belle société parisienne au XIXe siècle, non pas dans le demi-monde, mais dans le grand monde *honorable* et *honnête*. J'en sors les vices secrets, les laideurs fardées, les fautes correctes, et tout ce qui se cache sous le vernis. J'en sors tout le mal positif; que reste-t-il? Que pèse dans la balance morale, c'est-à-dire au vrai poids humain, la vie de l'élite de la société élégante de la Ville-Lumière au siècle des ballons et des téléphones? Le tableau est connu.

« A Paris, trois mois de plaisirs, de fêtes, de spectacles, de bals, de danses, de festins, le tout pour le plus grand honneur et la plus grande satisfaction de la chair. Trois autres mois, à refaire aux brises du rivage et à retremper dans les vagues de la mer, une chair amollie dans l'atmosphère des plaisirs, ébranlée au contact des jouissances de la terre. Trois autres mois à chercher comme les oiseaux qui fuient l'aquilon, des soleils chauds et des climats sans rigueur. Le reste passé dans le rien faire, à bercer sa paresse dans de doux loisirs et à se retrancher au fond de sa demeure contre l'injure des frimas. Telle est l'orbite fortunée où la vie contemporaine de beaucoup de gens accomplit sa révolution annuelle; éternel printemps où tout est arrangé par la mollesse d'un égoïsme raffiné par la civilisation, pour que le corps ne rencontre plus ni privation qui l'éprouve ni souffle qui le blesse. »

Pendant ce temps, d'autres hommes meurent de faim, des millions se tuent, guerres, meurtres, désespoirs; sous le luxe effréné et fratricide

La misère épaissit ses couches formidables;

toutes les souffrances appellent toutes les pitiés ; le mal est aux corps, le mal est aux âmes ; le vice détruit dans leur fleur les trois quarts des générations humaines ; les excès de toutes sortes engendrent les maladies de tous genres ; la pornographie s'étale dans les capitales de la civilisation, l'humanité garde sa plaie au cœur, et la société convulsive, ballotée de l'anarchie d'où sort le tyran à la tyrannie d'où sort l'anarchiste, parle en rêve de liberté et de république universelle, sur l'oreiller du vice qui fait de tout homme un despote et de tout homme un esclave !

# V

## INSTRUIRE L'HOMME C'EST L'AMÉLIORER

Que faire? et l'homme est-il incurable?

Pour s'éloigner de ce qu'il déteste : guerres, désordres, despotismes, hontes, misères, maladies de toutes sortes, tous les esclavages et toutes les tyrannies; pour s'approcher de son idéal de liberté, et de liberté dans l'ordre, de force, et de force dans la paix, de bien-être et de dignité dans le bien-être, de richesse et de détachement dans la richesse; pour arriver à la synthèse réelle de tous ses rêves épars dans tous les partis et tous les systèmes; pour atteindre le but social de ses éternels désirs, l'homme n'a qu'un chemin.

Et il n'en veut pas!

Il veut la fin et il refuse le moyen! car ce moyen, c'est la Vertu.

Il veut le Progrès, mais sans en prendre la route. La route du Progrès, c'est la Vertu.

Il veut arriver, mais il ne veut pas marcher.

On discute sur l'âge d'or, on le met dans le passé, on le met dans l'avenir, on regrette, on aspire, on désespère ; et l'homme en a la clef dans sa main !

Mais il ne veut pas s'en servir.

Il en coûte trop de sacrifier l'égoïsme, et le ciel même est trop cher, à ce prix.

Tous n'ont pas la même lâcheté, sans doute, et comme la terre a ses fleurs, elle a ses vertus. Elle a ses héroïsmes. « Les hommes se divisent en bons et en mauvais, » comme dit V. Hugo, et il y a des justes dans la foule ; mais la foule est médiocre. Presque tous cèdent à leurs passions, et parmi les meilleurs, les trois quarts à leurs défauts. Les parfaits sont rares.

Que faire pour en augmenter le nombre ?

L'homme est faible. D'où viendra le secours à cette faiblesse de la volonté mauvaise ?

Qui infusera à notre cœur animal cette force qui fait l'homme, l'homme tout entier, individuel et social, cette force toute-puissante qui réaliserait tous nos rêves, et ferait de la terre, dans l'ordre humain, ce qu'elle est dans l'ordre astronomique : un astre du ciel ?

Qui donnera la vertu ?

Tel est le problème, le problème capital, le plus grand peut-être des points d'interrogation de l'humanité. Car c'est le problème du bonheur, de la liberté et du progrès. Qui donne la vertu donne tout : c'est clair : le Bien contient tous les biens.

Or, écoutez.

Dans notre siècle bruyant j'entends un bruit qui domine.

Du milieu des mots retentissants et sonores qu'il roule comme des vagues de mer, un mot s'élève :

C'est le mot d'*Instruction.*

Instruction ! C'est le grand mot, le mot magique, le mot-dieu du jour. A l'heure où j'écris, on a foi en l'instruction, on croit à la toute-puissance de l'instruction, et la gloire de notre troisième république, disent les uns, son habileté, disent les autres, en tout cas son succès, fut d'inscrire ce mot en tête de son programme, et de multiplier ses efforts, hypocrites d'après les conservateurs, sincères d'après les républicains, pour la grande cause de l'instruction populaire.

Passant un jour devant un de ces splendides bâtiments qu'on a appelés « les palais » scolaires de la république (et pourquoi pas ? l'Instruction doit être logée en reine), — je lus au frontispice du monument cette phrase qui m'impressionna :

*Instruire le peuple c'est l'améliorer.*

Je sentis dans ce mot toute une philosophie :

Pour améliorer, instruire ;

Pour toucher le cœur, parler à l'esprit ;

Pour inspirer le bien, enseigner le vrai ;

La vertu, fruit de la vérité...

La voilà, la solution de mon problème !

Je cherchais ce qui améliore ; on me répond : la vérité.

Et cela est évident, en effet. Il est évident que la vérité doit être bonne à voir, et salutaire à entendre.

Il doit être bon de savoir. Le vrai ne peut que produire le bien. Instruire, c'est améliorer.

Je sais qu'il faut s'entendre sur les mots. Il y a la grande et la petite instruction, les grandes vérités et les petites vérités. La science, qui moralise, ne moralise pas par tous ses moindres détails. Quand je prétends, avec tous les francs-maçons et tous les républicains, qu'instruire c'est améliorer, je n'entends pas commettre la naïveté de croire à l'effet moralisateur de la ponctuation et de l'orthographe. Comme on l'a dit spirituellement, « quel rapport peut-il y avoir entre apprendre que certains groupes de signes représentent des mots, et acquérir un sentiment plus élevé du devoir? Comment la facilité à former couramment des signes représentant les sons, pourrait-elle fortifier la volonté de bien faire? Comment la connaissance de la table de multiplication ou la pratique des divisions pourraient-elles développer les sentiments de sympathie au point de réprimer la tendance à nuire au prochain? Comment les dictées d'orthographe et l'analyse grammaticale pourraient-elles développer le sentiment de la justice, ou des accumulations de renseignegnements géographiques accroître la pudeur ou la charité? » Il n'y a pas plus de relations entre ces causes et ces effets qu'entre les herbes du gazon et le vol de l'aigle.

Quand je dis : l'instruction moralise, la vérité améliore, je parle de la haute vérité et de la grande instruction.

C'est la grande Vérité qui échauffe le cœur et l'épanouit en vertu, comme c'est le soleil qui échauffe la terre et l'épanouit en fleurs. Que pourrait le ver luisant?

Comme l'astre du jour, c'est la haute Science qui est à la fois lumière et chaleur, lumière chaude, chaleur lumineuse; qui vivifie en même temps qu'elle éclaire, qui traverse l'homme de part en part, de l'esprit au cœur, et, de son intelligence qu'elle élève, descend dans sa volonté qu'elle ennoblit.

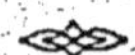

Or, la haute science, c'est celle du pourquoi des choses, c'est la science des philosophes.

La philosophie, la vérité philosophique; c'est d'elle que je dis : Voilà l'espoir; la vérité, voilà le remède.

Car, si tous les biens sortent de la vertu, la vertu doit sortir de la vérité.

La Vérité doit engendrer la Vertu.

# VI

## LE FIL DU LABYRINTHE

Seulement ici, la vieille question revient, la question philosophique.

Oui, sans doute, il faut répandre la lumière. Tout est là. Mais où est la lumière ?

Sans doute il faut verser au peuple la grande instruction qui moralise. Mais quelle est l'instruction ?

Sans doute il faut étouffer l'ignorance, l'erreur, les préjugés, l'obscurantisme qui abrutit et dégrade. Mais où sont ces monstres ?

Et l'Hercule qui doit les étouffer, où est-il ?

C'est la science, mais où est la science ?

Où est la science philosophique ?

Sans doute c'est la vérité qui délivre. Mais où est la vérité !

Le problème reste entier, semble-t-il à première vue, et nous revenons à notre premier chapitre.

En apparence, oui; en réalité, nous tenons la solution.

Nous revenons frapper à la grande porte philosophique, et elle est fermée encore, mais nous en avons la clé, cette fois. Et la porte va s'ouvrir.

Comprenez ce que nous venons de faire.

Nous venons de voir cinq faits :

1er fait : contradictions des philosophes.

2e fait : accord sur un point : la vertu.

3e fait : la vertu est le tout de l'homme; c'est la mère du progrès, de la liberté et de tous les biens.

4e fait : mais l'homme pratique peu la vertu; comment l'améliorer?

5e fait : notre siècle répond : il faut l'instruire.

La vérité donnant la vertu, et la vertu tous les biens : voilà le sommaire, tout le programme humain.

Il y a un X dans ce théorème. La grande inconnue, c'est la Vérité. Mais tous affirment d'elle une chose, c'est qu'elle est bonne, c'est que le bien en découle comme le fleuve de sa source.

Et ce point suffit. Où est la source, nous n'en savons rien, mais le fleuve va nous l'indiquer. Le fleuve connu, la source est vite découverte. Il suffit de remonter le fleuve jusqu'aux sommets.

De quels sommets descend le généreux courant de la vertu. De quelle philosophie découle-t-il? Quelle est sa source intellectuelle?

En un mot, quelle est la théorie du bien?

Cherchons-la, et ce sera la théorie vraie.

La Vérité doit-être la théorie de la Vertu.

# VII

## LA VERTU ET LA PHILOSOPHIE DE L'ABSURDE

Nous rentrons au labyrinthe, — mais avec le fil. Nous regagnons la pleine mer des spéculations philosophiques et religieuses, — mais avec la boussole.

Nous reprenons une à une toutes ces fières doctrines et leurs prétentions contradictoires, — mais avec la pierre de touche qui va en éprouver la valeur.

Ce fil conducteur, cette boussole, cette pierre de touche, c'est la Vertu.

Nul ne récusera ce témoignage, puisque c'est celui de l'Honnêteté même.

Je reprends donc Hégel, Bossuet, Renan, Socrate, Vacherot, Confucius, Mahomet, les grands penseurs et les grands systèmes, et je les soumets à l'épreuve.

Je leur dis : Faites un homme !

De cet animal, intelligent mais pour sa honte, de cet être égoïste et vicieux, père de la tyrannie et de l'esclavage, faites l'homme de bien, de progrès et de liberté, père de la société idéale.

Faites le Juste.

Voici le bloc : faites la statue.

Vous dites tous : « Ma théorie est la vraie ! » Mais qu'en sais-je ? dit Montaigne. A l'œuvre, nous jugerons. Je promets ma foi à qui me rendra meilleur.

Sur ce, tous en chœur me crient : « C'est moi. »

Voyons. Que chacun cherche à me convaincre à son tour. Je saluerai la vérité chez celui qui me donnera la vertu.

---

Que dites-vous Gorgias ?

— Je dis : *Tout est vrai et tout est faux.*

Je soutiens tous les pour et tous les contre.

Platon me traitait de « sophiste », m'opposant le vieux principe de contradiction qui défend à une chose d'être et de n'être pas en même temps. Aristote me traitait de sophiste, en me disant : « l'Etre est immuable. » Et ils m'ont tué pour deux mille ans. Mais votre siècle m'a relevé de leur mépris, et le plus grand de mes disciples, Hégel, le vrai père de la philosophie moderne, celui qui a dit de moi et de mes amis : « Il n'y a pas une seule de leurs propositions que je n'admette dans ma logique, » Hégel a légitimé mes audaces par son immortel principe de l'*identité des contradictoires :*

« l'Etre et le Néant sont identiques. » C'est le plus grand mot de la philosophie. De lui date « un nouveau régime mental. » De lui procède toute une école : l'école critique. C'est de lui que M. Schérer a dit dans la *Revue des Deux-Mondes* (février 1861) : « Un principe s'est emparé avec force de l'esprit moderne, c'est ce principe en vertu duquel *une assertion n'est pas plus vraie que l'assertion opposée*... Cette découverte est *le fait capital de l'histoire de la pensée contemporaine*. Cette grande pensée, vivante et éternelle..., que l'humanité s'est appropriée..., suffit à la gloire du philosophe qui l'a donnée au monde, à la gloire du pays et du siècle qui ont vu naître ce philosophe...

« Aujourd'hui rien n'est plus parmi nous vérité ni erreur. Il faut inventer d'autres mots. Nous ne voyons plus partout que degrés et que nuances, *nous admettons jusqu'à l'identité des contraires*.

« Nous ne connaissons plus la religion, mais des religions, la morale, mais des mœurs, les principes, mais des faits. Nous expliquons tout, et, comme on l'a dit, l'esprit finit par approuver ce qu'il explique. La vertu moderne se résume dans la tolérance. »

— Tu ne me donnes qu'une vertu, Gorgias : tu dois être pauvre de vérités! Votre découverte, dites-vous, c'est qu' « une assertion n'est pas plus vraie que l'assertion opposée», c'est « que personne ne se contredit jamais », c'est que la vraie logique a trois temps, et, après avoir affirmé, puis nié, affirme et nie à la fois?

Votre principe c'est la conciliation des inconciliables et l'identité des contraires? C'est l'acceptation universelle, c'est la largeur d'esprit à perte de vue, le vaste embrassement dans la synthèse sublimement absurde d'une critique transcendante et « supérieure à la raison » de toutes les thèses et de toutes les antithèses; c'est le mépris de la « raison vulgaire », de la « logique vulgaire », des principes vulgaires, de la vertu vulgaire, c'est le « dédain transcendant » universel, c'est l'indifférence absolue universelle, c'est l'impassibilité savante, c'est l'imbécillité supérieure, c'est l'idiotisme surhumain, c'est le *crétinisme transcendant*...?

De ce « nouveau régime mental » découle évidemment une vertu qu'il faut noter : la *tolérance* absolue, vertu du règne minéral.

Passons, comme disait Dante. Laissons ces dangereux farceurs de la pensée suicidée. Gorgias a tort, puisqu'il peuplerait le monde de coquins, fiers d'être *identiques* à l'honnête homme. L'hégélianisme est le plus radical des attentats à la sagesse, qu'il tue dans son germe, le sens moral, comme d'ailleurs il tue la raison et l'homme. C'est l'homicide philosophique, la théorie du mal absolu, la métaphysique du scélérat consommé, de celui qui avale « l'iniquité comme l'eau fraiche ». Néron regardant se tordre les torches humaines de ses jardins comme il eût vu des enfants sourire, humant du haut de sa tour l'incendie de Rome en même temps qu'un parfum de rose, Néron est un hégélien parfait.

Aspirant à une perfection plus haute, je poursuis ma route.

Nous savons déjà quelque chose, puisque l'hégélianisme a tort : c'est que le vrai n'est pas le faux, — et je puis inscrire, dès à présent, en tête de mon *Credo* philosophique, ce premier article capital :

LA VÉRITÉ EXISTE.

# VIII

## LA VERTU ET LA PHILOSOPHIE DU DOUTE

---

Mais Kant ici m'arrête au passage.

La vérité existe, soit, me dit Kant. Mais pouvons-nous la connaître? Savons-nous si les choses répondent aux idées que nous en avons? L'idée est en nous, c'est du *subjectif ;* la chose est hors de nous, c'est de l'*objectif :* pouvons-nous passer de l'une à l'autre? Pouvons-nous ajouter foi aux rapports de notre esprit et croire à ses évidences. Sans doute pour un esprit *fait comme le nôtre*, il est évident que deux et deux font quatre, mais qui sait s'il n'y a pas là simple *manière de voir* tenant à notre constitution intellectuelle. Organisé autrement, l'œil verrait-il ce qu'il voit? Il nous est impossible de le savoir, et si la vérité existe, elle nous est inconnaissable.

Voilà l'objection de Kant, et elle est formidable. Le génie allemand a concentré là toute sa force de réflexion métaphysique. Que voulez-vous qu'on réponde? Comment raisonnèr? Personne n'est sûr de son esprit! Entassez des arguments, échafaudez des syllogismes, établissez des principes, tirez des prémisses les plus indubitables les conclusions les plus évidentes, démontrez par tous les A + B de la logique géométrique l'absurdité du système de Kant : Kant pourra toujours riposter : « Raisonnements d'homme ! Un autre œil verrait les choses autrement. » Il est vrai qu'on pourrait lui retourner sa riposte et l'accabler sous son propre doute : mais ce ne serait pas relever la certitude. La certitude intellectuelle, il faut l'avouer, donnera toujours prise aux subtilités des philosophes. La pointe de l'esprit perce tout, et si, comme le dit Cicéron, toute absurdité a été soutenue, c'est peut-être que toute absurdité est soutenable. Tout se prouve, et l'on n'est jamais à court de raisons. Vous venez de voir Kant douter de 2 et 2 font 4 et prouver méthodiquement son doute. Pour Hégel 2 et 2 font 0. Ils rêvaient, me direz-vous? C'est possible ; mais nous qui rions, veillons-nous? Qui sait si la veille n'est pas un rêve, et, comme le disent les poètes, la vie un songe?

> O vents, ô flots, ne suis-je aussi qu'un souffle hélas !
> Hélas ! ne suis-je aussi qu'une onde ?

« On croit ce qu'on veut, » a dit un profond penseur, et je ne me fie pas absolument aux démonstrations intellectuelles.

En face d'un système, je ne me fie pas à mon œil, même aidé du microscope analysateur d'une réflexion minutieuse. Je fais mieux. Je prends le système et me l'incorpore. Anthropophage philosophique, je dévore Hégel, j'ingurgite Kant, et, comme Socrate après son verre de ciguë, j'attends. J'attends les effets sur ma santé morale de la substance inconnue.

Si je me sens croître en force, en vertu, en pureté, en dévouement, en humilité, en héroïsme, je dis : froment, vérité. Si, au contraire, je sens tarir en mes veines la vie généreuse, et, avec ses fièvres mauvaises, l'égoïsme m'envahir comme une mort et une corruption, je dis : poison, erreur.

Le vrai c'est le bon, le bon c'est le vrai, — et pourrais-je dire : Tu mens, — à qui m'ennoblit et m'élève?

Je prends donc le scepticisme de Kant, et le verse dans mon âme, — ou, par prudence, dans celle d'un autre. J'infuse à cet enfant naïf, qui n'a encore rien goûté d'intellectuel, la *Critique de la raison pure*, goutte à goutte, et en la clarifiant jusqu'à la rendre limpide. Il a compris, je suppose : il sait par cœur tout son catéchisme kantien, il a communié humblement à la grande doctrine du maître, il a la foi kantienne et jure sur son livre d'y conformer sa vie d'homme.

Quelle sera cette vie ?

Si ce n'est celle d'un inconséquent, ce sera celle d'un scélérat.

Songez donc : un homme dominé dans tous ses actes par la conviction intime que ses idées ne prouvent rien, que tout est manière de voir, que la laideur du mal est purement subjective et qu'un œil autrement organisé verrait blanc ce que les hommes voient noir.

La bonne philosophie pour les ivrognes et les assassins !

Les juges d'instruction auraient de la besogne avec cette instruction-là ! Mais la société serait impossible, car il faudrait surveiller les gendarmes.

La société est faite de sacrifices mutuels. Or à quoi bon se gêner, si tout n'est qu'idée, — à quoi bon penser, même ? Mangeons et buvons, cela au moins est sûr.

C'est le retour à l'état sauvage et à l'animalité.

Voilà le Doute, suivi à fond. Au fond, Hégel et Kant s'équivalent et font la même œuvre : l'un et l'autre ils tuent la pensée, l'un par l'absurde, l'autre par le découragement ; l'un en disant : *Le vrai et le faux sont identiques ;* l'autre en disant : *Nous ne pouvons pas distinguer le vrai du faux.* Dans l'homme, animal raisonnable, ils tuent la raison, — et l'animal reste.

## IX

## LA VERTU ET LA PHILOSOPHIE DE LA MATIÈRE

Hégel ni Kant ne peuvent me faire un homme : pas plus que la *Philosophie de l'absurde*, la *Philosophie du doute* n'est la mère de la vertu. La vertu suppose la Raison, cette Foi. J'inscris donc en tête de mon *Credo* philosophique, sous le premier article : *La vérité existe*, ce second article : *Nous pouvons la connaître*, — et je cherche un croyant.

Au-dessus d'Hégel l'incrédule et de Kant le sceptique, je cherche un docteur qui m'enseigne, et fasse à ma raison qu'il respecte l'aumône d'une vérité sincère.

Voici M. Taine : je m'adresse à lui. Je pose à ce croyant contemporain la grande question : Que faut-il croire ?

Quel est le dogme ?

Au-dessus de l'absurde et du doute, *la Vérité existe et nous pouvons la connaître. Quelle est-elle ?*

Que pensez-vous de moi, que pensez-vous de l'homme et de l'univers? Quelle est votre foi?

M. Taine répond :

Je crois à la matière, à ses forces et à ses lois.

Je suis de la religion de Démocrite et de Lucrèce.

Un principe suffit pour expliquer le monde et nous expliquer nous-mêmes : c'est le principe matériel.

Je crois à la matière créatrice et de plus en plus parfaite, de plus en plus compliquée, montant de la pierre à la plante, où elle commence à vivre, de la plante à l'animal où elle devient sensible, de l'animal à l'homme où elle s'épanouit en pensée.

La pensée est la fleur de la matière; mais c'est de la matière encore.

« L'intelligence est un phénomène nerveux. »

« Une idée est le produit d'une combinaison analogue à celle de l'acide formique; la pensée dépend du phosphore contenu dans la substance cérébrale; la vertu, le dévouement et le courage sont des courants d'électricité organiques. »

Voilà, selon la *Revue médicale*, le dernier mot de la doctrine. Et c'est ce que j'exprime, moi, Taine, avec précision, quand je dis :

« Le vice et la vertu sont des produits comme le sucre et le vitriol. »

« Vous vous croyez raisonnable, humain; j'y consens pour aujourd'hui; vous avez dîné, et vous êtes à votre aise dans une bonne chambre.

« *Votre machine fonctionne sans accroc*, c'est que

les rouages sont huilés et en équilibre; mais qu'on la mette dans un naufrage ou dans une bataille, que le manque ou l'afflux du sang détraque un instant les pièces maîtresses, et l'on verra hurler ou chanceler un fou ou un idiot. La civilisation, l'éducation, le raisonnement, la santé, nous recouvrent de leurs enveloppes unies et vernies; arrachons-les une à une ou toutes ensemble, et nous rirons de voir la brute qui gît au fond...

« La science approche enfin, et approche de l'homme; elle a dépassé le monde visible ou palpable des astres, des pierres, des plantes, où dédaigneusement on la confinait; c'est *à l'âme qu'elle se prend, munie des instruments* exacts et perçants dont trois cents ans d'expérience ont prouvé et mesuré la justesse et la portée. La pensée et son développement, son rang, sa structure et ses attaches, *ses profondes racines corporelles*, sa végétation infinie à travers l'histoire, sa haute floraison au sommet des choses, voilà maintenant son objet, l'objet que, depuis soixante ans, elle entrevoit en Allemagne, et qui, sondé lentement, sûrement, *par les mêmes méthodes que le monde physique*, se transformera à nos yeux comme le monde physique s'est transformé. Il se transforme déjà, et nous avons laissé derrière nous le point de vue de Byron et de nos poètes. Non, l'homme n'est pas un avorton ou un monstre; non, l'affaire de la poésie n'est point de le révolter ou de le diffamer. Il est à sa place et achève une série. Regardons-le naître et grandir, et nous cesserons de le railler ou de le maudire. *Il est un produit* comme toute chose, et à ce titre *il a raison d'être comme il est. Son imperfection innée est dans l'ordre*, comme l'avortement constant d'une étamine dans une plante, comme l'irrégularité foncière de quatre facettes dans un cristal. *Ce que nous prenions pour une difformité est une forme; ce qui nous semblait le renversement d'une loi est l'accomplissement d'une loi.* La raison et la vertu humaine ont pour matériaux les instincts et les images animales, comme les formes vivantes ont pour instruments les lois physiques, comme les matières organiques ont pour éléments les substances minérales. *Quoi d'étonnant si la vertu ou la raison humaine, comme la forme vivante ou comme la matière organique, parfois défaille ou se décompose*, puisque, comme elle, et comme tout être supérieur et complexe, elle a pour soutiens et *pour maîtresses* des forces inférieures et simples, qui, suivant les circonstances, tantôt la maintiennent par leur harmonie, tantôt la défont par leur désaccord? Quoi d'étonnant si les éléments de l'être, comme les éléments de la quantité, reçoivent de leur nature même *des lois indestructibles qui les contraignent* et les réduisent à un certain genre et à un certain ordre de formations? *Qui est-ce qui s'indignera contre la géométrie?* Surtout qui est-ce qui s'indignera contre *une géométrie vivante?* Qui au contraire ne se sentira ému d'admiration au spectacle de ces puissances grandioses qui, situées au cœur des choses, poussent incessamment le sang dans les membres du vieux monde; éparpillent l'ondée dans le réseau infini des artères, et viennent épanouir sur toute la surface la fleur éternelle de la jeunesse et de la beauté? Qui enfin ne se trouvera ennobli en découvrant que ce faisceau de lois aboutit à un ordre de formes, que *la matière a pour terme la pensée*, que la nature s'achève par la raison, et que cet idéal, auquel se suspendent, à travers tant d'erreurs, toutes les aspirations des hommes, est aussi la fin à laquelle concourent, à travers tant d'obstacles, toutes les forces de l'univers? Dans cet emploi de la science et *dans cette conception des choses, il y a un art, une morale, une politique, une religion nouvelles*, et c'est notre affaire aujourd'hui de les chercher. »

Ainsi parle M. Taine, disciple, sans le savoir, de Démocrite et de Lucrèce. Car sa philosophie n'est pas neuve, — ce dont je la félicite. Il la croit neuve, parce qu'il l'a retrouvée. Mais la foi matérialiste est aussi vieille que le monde, aussi vieille que la foi spiritualiste, son éternelle ennemie. Dans l'Inde antique, en Chine, en Grèce, les mêmes combats se sont livrés. Aussi haut qu'on remonte, aussi bas qu'on descende dans l'histoire de la race humaine, on la trouve partagée en deux camps : les spiritualistes et les matérialistes.

« Ceux-ci ne voient rien au-delà du monde matériel ; ils expliquent tous les phénomènes, de quelque ordre qu'ils soient, par des causes dont le siège est dans la matière. L'univers est une grande machine autonome, d'origine inconnue, où tout s'enchaîne, grâce à des lois fatales qui ne laissent place qu'en apparence à des mouvements spontanés.

« Pour les autres, l'univers matériel n'est pas tout.

Il est enveloppé et comme pénétré d'un autre univers qu'on appelle le monde invisible, où résident les causes supérieures, subordonnées elles-mêmes à une cause première, à laquelle on a donné le nom de Dieu.

« Entre ces deux conceptions contradictoires de l'univers, un conflit était inévitable. Quand a-t-il commencé? Nul ne saurait le dire. Il existe et se perpétue de siècle en siècle, tantôt plus violent, tantôt plus faible, sans que l'un des antagonistes parvienne à réduire son adversaire au silence, bien que l'un et l'autre aient pour habitude de s'attribuer la victoire (1). »

Mon dessein n'est pas d'entrer ici dans la lice par la porte intellectuelle, pour fournir à l'un des partis des arguments plus ou moins subtils. Ces arguments touchent peu. On riposte aux subtilités par des subtilités plus subtiles, et la lutte continue. Laissant à chacun sa liberté de penser, sans la gêner par la mienne, sans l'influencer par une idée personnelle, ou l'offusquer par un air de préférence, m'effaçant comme partial et suspect et me récusant moi-même, je me tais ; mais puisqu'on discute entre le mancenilier de l'erreur et le térébinthe de la vérité, moi, pour trancher le différend, je prends un homme et l'étends à leur ombre.

Si l'homme meurt, je dit : *Mancenilier ;* s'il se sent vivre, je dis : *Térébinthe.*

C'est concluant.

Mais quel homme? Le premier venu, l'homme

(1) Aug. Glardon. *Le Monde invisible.*

humain, l'honnête homme, celui que nous sommes tous, celui qui pousse dans Ovide l'éternel soupir :

*. . . . . Video meliora proboque*
*Deteriora sequor. . . . .*

et, ailleurs, l'éternelle plainte :

Je ne fais pas le bien que j'aime,
Et je fais le mal que je hais!....

l'homme de tous les jours et de toutes les latitudes. L'essence de l'homme n'est pas d'avoir lu Hégel, et d'être d'un parti religieux ou philosophique. Nous ne sommes pas tous des métaphysiciens et n'y aspirons pas tous ; mais nous voulons tous être bons, sincères, patients, dévoués, nobles de cœur, ou du moins, nous comprenons qu'il faut l'être. Tous, nous admirons les grands exemples de beauté morale, d'héroïque abnégation, d'humilité magnanime, de virginale pureté. En désaccord sur la question de la vérité, nous nous trouvons d'accord sur la question de la vertu, le vrai nous sépare, le bien nous unit. Il y a cent philosophies et cent religions, il n'y a qu'une morale ; et si nous n'approuvons pas tous les idées théoriques de Socrate, tous, nous applaudissons la calme grandeur du sacrifice volontaire de sa vie à ce qu'il croyait la vérité. C'est ce sacrifice qui l'a immortalisé parmi nous, et si Socrate vivant a pu être un grand esprit, c'est par sa mort que Socrate est un grand homme, — parce qu'il a, par cette mort héroïque, démontré sa vraie vie humaine, sa vie morale.

Nous voilà loin du matérialisme, me direz-vous. —Hélas ! j'ai l'air de l'attaquer, rien qu'en parlant de vertu. Ai-je discuté? Non. Ai-je nié les courants d'électricité organique? Ai-je prétendu l'existence d'une âme? Ai-je dit : M. Taine a tort? Non, je n'ai fait que prononcer ce mot : vertu, et le matérialisme a tremblé. Il y a des mots qui hurlent, accouplés. Le matérialisme et la vertu ! Autant dire : le pourceau et la colombe, l'hiver et le rossignol, la cave et le soleil, le ver de terre et l'astre. Si l'un pouvait engendrer l'autre, ce serait le cas de retourner le mot d'Horace :

*Parturiunt mures, nascetur magnificus mons.*
« La souris en travail enfante une montagne. »

⁂

Oh ! je ne méprise personne : il y a des matérialistes sincèrement vertueux, et j'ai trouvé des perles dans le fumier, et dans l'empire romain des vestales. Mais ce n'est pas le fumier qui avait fait les perles, ni l'empire romain les six vierges. J'accorde à tel disciple de Lucrèce et de Démocrite toutes les perfections qu'on voudra. J'accorde à celui qui a dit : « L'homme est un agrégat de fibres et de cellules absorbant et sécrétant, » la grandeur d'âme et les virginales délicatesses du cœur. Je m'écrierai, si l'on veut, avec M. Renan : « Quelle vie de saint offre un plus parfait idéal de l'ascétisme et de la perfection morale que celle de tel penseur de nos jours, à qui je ne connais qu'un seul travers d'esprit, celui de se croire athée? »

Mais remarquez ce dernier mot : celui de *se croire* athée, de se croire matérialiste. Lucrèce vertueux se croit matérialiste, il ne l'est pas. S'il l'était, il serait un agrégat de fibres et de cellules absorbant et sécrétant. Il serait une bête fouettée par la nécessité, une machine fonctionnant avec ou sans accroc, un produit comme toute chose, ayant raison d'être comme il est ; rien de plus.

Il y a des saints dans le matérialisme, comme il y avait des vestales dans l'empire pourri des Césars, comme il y a de bonnes santés en temps de peste. L'empire et la peste n'y peuvent rien. Eh oui, on peut passer dans les flammes sans se brûler, on peut tomber à l'eau sans se noyer ; Mithridate mangeait du poison sans s'empoisonner. Est-ce que l'eau ne noie pas ? Est-ce que le feu ne brûle pas ? Est-ce que le poison n'empoisonne pas ? On est honnête homme *quoique* matérialiste, et par d'autres influences. Supprimez ces influences meilleures qui contrebalancent et neutralisent la première, faites le vide dans un esprit, gardez-le de toute infiltration étrangère, et versez-y le matérialisme pur ; préparez à l'évangile de Lucrèce un croyant sérieux, sincère et dégagé de tout le reste, un vrai dévot sans respect humain, n'aspirant qu'à réaliser dans tous ses actes l'idéal dogmatique du maître, et à tremper dans sa foi, non pas simplement, comme tant d'autres, comme le papillon qui goûte une fleur, le bout délié d'un esprit subtil et plus ou moins convaincu, mais son âme entière et sa conduite et sa vie. Laissez cet homme s'incorporer la progressive et « ennoblissante » doctrine de l'*homme-brute*, je dis trop, de l'*homme-plante*, c'est trop encore, de l'*homme-machine* (tous les mots sont de M. Taine), et devenir (c'est la logique) semblable à ce qu'il croit. Laissez la brute « qui git au fond, » sous nos enveloppes vernissées, dégager ses sacrés instincts, la plante élaborer ses gommes et ses vertus, la machine confectionner ses produits, qui ont raison d'être comme ils sont. Laissez le matérialisme pétrir un homme à son image et à sa ressemblance, lui souffler son âme (pardon du mot et du jeu de mots), et faire, ce qui n'existe peut-être pas, un matérialiste vivant...

Un matérialiste vivant! Un homme qui a le droit de tuer sa mère, sans avoir droit à un remords. Que dis-je? Tuer sa mère? C'est une machine qu'il a accrochée. Pourquoi se trouvait-elle sur son passage? D'ailleurs, c'était fatal.

Un matérialiste vivant! Un « parfait modèle d'ascétisme et de perfection morale, » assurément, un être non seulement sans péché, mais impeccable, qui ne saurait être ni ivrogne (l'entonnoir ne l'est pas), ni méchant (l'ortie ne l'est pas), ni déshonnête (le chien ne l'est pas).

M. Taine a raison de le dire : « Dans cette conception moderne des choses, il y a un art, une morale, une politique, une religion nouvelles, » — une morale surtout, — et qui donc « ne s'en trouverait ennobli? » Seulement, M. Taine ajoute : « Et c'est notre affaire aujourd'hui de les chercher. » Bonté trop grande, car l'homme les déduira bien lui-même. Ce ne sont que des conséquences. La morale tombe du dogme comme le fruit de l'arbre. Il suffit de planter l'arbre, nous en recueillerons les fruits.

Plantez cet arbre merveilleux dont vous avez retrouvé la graine. Arrachant tout le reste, implantez dans notre esprit ce gigantesque mancelinier de l'évolution matérialiste, au tronc de pierre, aux fleurs de pensée. Entonnez un hymne à sa sève universelle. Émotionnez-vous d'admiration « au spectacle de ces puissances grandioses qui, situées au cœur des choses, poussent incessamment le sang dans les membres du vieux monde, éparpillent l'ondée dans le réseau infini des artères, et viennent épanouir sur toute la surface la fleur éternelle de la jeunesse et de la beauté. » Puis, l'arbre rempli dans son feuillage des chants de vos rêves poétiques et tapissé de mousse à ses pieds, appelez les hommes de votre voix la plus douce à cet arbre de vie, de liberté et de progrès, prenez les hommes, prenez-les tous, et couchez-les à son ombre.

Ils sont un milliard. Revenez dans deux cents ans. Que retrouverez-vous ?

Un troupeau de singes.

## X

## LA VERTU ET LITTRÉ

Qui ne connaît la superbe apostrophe de Musset à Voltaire :

Arouet, voilà l'homme
Tel que tu l'as voulu...
Vous vouliez pétrir l'homme à votre fantaisie,
Vous vouliez faire un monde : eh bien ! vous l'avez fait.
Votre monde est superbe et votre homme est parfait.
Les monts sont nivelés, la plaine est éclaircie,
Vous avez sagement taillé l'arbre de vie,
Tout est bien balayé sur vos chemins de fer,
Tout est grand, tout est beau ; *mais l'on meurt dans votre air!*

On meurt dans votre air! répéterons-nous aux matérialistes. Il est si bas, que la brute seule y peut vivre, parce qu'elle rampe : l'homme déjà est trop grand. Vous n'avez pas d'air respirable à hauteur d'homme (j'aime mieux la grotte du Pausilippe où c'est l'animal qui meurt), et pour vivre chez vous, il faut se courber et redescendre à la bête.

Un vrai matérialiste vivant ne serait plus de notre espèce : la station droite et l'*os sublime* sont de trop pour lui ; il ne rentre plus dans la définition d'Ovide :

> ..... *Cœlumque tueri*
> *Jussit, et erectos ad sidera tollere vultus.*
> « L'homme est un être qui regarde le ciel. »

C'est ce qu'a compris le fameux auteur de *la Métaphysique et la Science*, de *l'Histoire critique de l'école d'Alexandrie*, de *la Religion* et du *Nouveau Spiritualisme*, M. Vacherot.

Avec lui nous entrons dans l'idéal, et nous quittons la brute.

Mais n'oublions pas M. Littré. Un mot d'abord du positivisme. Il nous servira de transition naturelle entre le matérialisme de M. Taine et le spiritualisme de M. Vacherot.

Qu'est-ce donc qu'un *positiviste?*

Avant tout, c'est un esprit positif, qui ne croit qu'à l'expérience positive, à la science positive, qui redoute par-dessus tout la chimère et les légendes abstraites, et conçoit la philosophie non pas comme un système rêvé et une vue en l'air, à la manière des philosophes allemands, mais comme la synthèse réelle des connaissances positives, comme la vue d'ensemble des faits positivement certains.

En ce sens, j'avoue que je suis positiviste.

Oui, Littré a raison : pas plus que Colomb l'Amérique, notre esprit ne peut *inventer* la vérité ; il lui faut, pour la découvrir, le point d'appui de l'expérience. Cela est vrai dans tous les ordres d'idées.

Est-ce que Molière n'est pas un observateur, aussi bien que Lavoisier ou Buffon? Est-ce que Socrate, Maine de Biran, Jouffroy, ne sont pas de profonds observateurs? Tous ne regardent pas le même objet, mais tous regardent. Il faut cela pour voir. On peut regarder en bas, comme le chimiste (1), ou en haut comme le penseur, — jamais en l'air. Pour voir il faut regarder quelque chose.

Oui, Littré a raison contre les idéologues allemands qui prétendent, eux, *inventer* la vérité ; qui disent: Supposons que rien n'existe, et pensons. Fermons les yeux, et puis voyons. — Cela fait, ils ne voient rien du tout. Alors ils rêvent. Alors ils écrivent des lignes comme celles-ci: « Les étoiles appartiennent au monde mort de la répulsion... L'armée des étoiles n'est qu'un monde formel, où n'existe qu'une première détermination unilatérale. Qu'on n'aille pas comparer le système des étoiles au système solaire, qui est le système de la réelle rationalité..., » etc., etc.

Le positivisme est la réaction franche et française contre cette idéologie germanique. Témoin, d'un côté, de ces monstruosités nuageuses, de l'autre des magnifiques résultats, dans les sciences modernes, de la méthode d'observation, Littré s'est dit: Soyons positifs, et a défini la philosophie : la synthèse des sciences.

La définition était exacte. Le tort de son auteur est de n'en avoir pas rempli le cadre. Est-ce bien

(1) Comme l'astronome même, n'en déplaise à M. Flammarion.

sa faute? Né dans un siècle observateur, mais observateur de la matière, dans un siècle qu'on pourrait définir : un magnifique laboratoire de chimistes et de physiciens, à une époque où, primant tout, les sciences matérielles se font appeler « les sciences », et la nature matérielle « la nature » comme s'il n'y avait pas d'autre nature et pas d'autres sciences, — le positivisme se ressentit de son milieu. Voulant observer il observa la matière; craignant de regarder en l'air, il regarda en bas; voulant être la philosophie des sciences, il fut la philosophie des sciences inférieures:

Mathématiques;

Astronomie;

Physique;

Chimie;

Biologie;

Sociologie.

« Ce résumé succinct comprend l'ensemble du savoir humain, » dit Littré.

C'est vrai au point de vue matériel.

Littré ne voit rien au delà. Le positivisme est une physique grandiose. Et comme la physique, même grandiose, ne renferme pas la métaphysique, ni les pourquoi philosophiques des choses, Littré se déclare impuissant à répondre à ces pourquoi.

« Ce résumé succinct comprend l'ensemble du savoir humain. Rien n'est omis, ajoute-t-il, rien, si ce n'est ce qui est *inaccessible* à l'esprit de l'homme, *la recherche des causes premières et des causes finales*...

« Au-delà de cet ensemble, dit-il ailleurs, on ne

peut plus imaginer que des spéculations sur l'essence des choses et sur les causes dernières ; mais, essences des choses, causes dernières, *questions théologiques et métaphysiques,* tout cela est en dehors de l'expérience. L'esprit humain, de quelque manière qu'il s'ingénie, *n'a aucun moyen pour y atteindre...*

« L'absolu est inaccessible à l'esprit humain, non seulement en philosophie, mais en toute chose. »

C'est retomber dans le scepticisme de Kant, en ce qui touche aux questions humaines. Littré n'admet que les questions matérielles. Sans doute il a sur le matérialiste la supériorité incontestable de ne pas nier le reste ; il parle même quelque part avec émotion de « cet océan de l'inconnu qui vient battre notre rive, pour lequel nous n'avons ni barque, ni voile, et dont la claire vision est aussi salutaire que formidable. » Mais il s'avoue impuissant : il n'a ni barque ni voile.

D'où venons-nous? qui sommes-nous? où allons-nous? L'auteur de tant de travaux illustres, le chef d'esprit du XIXe siècle, le grand Littré ne sait pas cela.

Et cependant, comme l'a dit un penseur, « notre premier intérêt et notre premier devoir est de nous éclairer sur ce sujet d'où dépend toute notre conduite ; » car « il est impossible de faire une démarche avec sens et jugement qu'en se réglant par la vue du point qui doit être notre dernier objet...

« Comment se peut-il faire que ce raisonnement-ci se passe dans un homme raisonnable :

« Je ne sais qui m'a mis au monde, ni ce que

c'est que le monde, ni que moi-même. Je suis dans une ignorance terrible de toutes choses... Je ne vois que des infinités de toutes parts, qui m'enferment comme un atome et comme une ombre qui ne dure qu'un instant sans retour.

« Tout ce que je connais est que je dois bientôt mourir; mais ce que j'ignore le plus, est cette mort même que je ne saurais éviter...

« Et de tout cela je conclus que je dois passer tous les jours de ma vie sans songer à chercher ce qui doit m'arriver!... »

C'est la conclusion du positivisme. Pascal, il y a deux siècles, la trouvait déraisonnable.

Moi je la nommerai déshonnête.

Car enfin, d'où viennent tous nos maux?

Du vice. Mais nos vices, d'où viennent-ils?

De nos ignorances.

L'ignorance, voilà l'ennemi. Notre siècle l'a dit, et il a raison. Car la vérité est bonne, elle est la mère de la vertu, et le soleil qui éclaire vivifie, et nos misères sortent de nos ténèbres.

Je parle des ténèbres supérieures et de la haute ignorance. Le grand ignorant, l'ignorant humain, est exposé au mal comme l'enfant nu au froid : il n'a rien pour se défendre, et j'appelle déshonnête quiconque l'entretient dans cet état.

Littré commet cette action basse.

Après le crime du matérialiste que j'interroge sur l'homme pour régler ma vie, et qui me répond : « L'homme est un agrégat de fibres et de cellules absorbant et secrétant » — je ne connais pas de plus grand coupable que le positiviste, ce froid railleur, qui me répond gravement et scientifiquement : Que t'importe?

Ajoutons-le pourtant, Littré, honnête par le cœur, a senti lui-même l'impardonnable lacune de sa doctrine et a essayé quelque part d'ébaucher une solution de ce problème de la destinée humaine qu'il avait déclaré insoluble et oiseux :

« Ames tendres, s'écrie-t-il, qui aimez à vous plonger dans les douceurs profondes d'une tendresse désintéressée, tournez les yeux vers cet idéal; l'humanité vous promet, *comme votre récompense suprême*, le bonheur de la servir.

« Pauvres, qui portez péniblement le poids de votre misère, *mettez votre confiance en elle ;* l'humanité a travaillé à vous affranchir en s'affranchissant, à vous racheter en se rachetant.

« Et vous, riches, qu'au sein du bien-être attriste plus d'une fois, quoi qu'on en dise, le souci de la souffrance d'autrui, *ne craignez pas d'être bannis de son royaume;* l'humanité saura rendre votre richesse la plus précieuse pour vous, en la rendant la plus fructueuse pour les autres... Le jour et la lumière s'avancent, et les nuages se dissipent. L'humanité apporte un nouveau type de beauté.

« Poètes, elle vous demandera des chants; peintres et sculpteurs, elle vous demandera des toiles et des marbres ; *architectes, elle vous demandera des temples ;* musiciens elle vous demandera des harmonies. Et de cette inspiration commune donnée à tous les génies créateurs, il naîtra pour les siècles à venir, ce qui nous manque à nous, générations révolutionnaires, ce qui fut accordé dans une certaine mesure à l'âge polythéistique et à l'âge catholico-féodal, la contemplation du bon et du vrai dans la beauté idéale.

« Voici venir, les temps sont accomplis, voici venir l'idéal qui n'a plus rien de fictif et qui est tout entier réel.

« *Humanité, règne, voici ton âge,* a dit le poète en son inspiration prophétique. Oui, c'est un âge nouveau qui commence ; et pour parler le langage d'un autre poète, dont l'inspiration prophétique ne fut pas moindre à l'aurore d'une révolution :

*Magnus ab integro sæclorum nascitur ordo.*

« L'humanité est un idéal réel qu'il faut connaître (éducation), aimer (religion), embellir (beaux-arts), enrichir (industrie), et qui, de la sorte, tient toute notre existence individuelle, domestique et sociale, sous sa direction suprême. »

Tel est, selon M. Littré, tout le sort de l'homme. Tel est le but, l'unique emploi de son existence. Connaître, aimer et servir l'Humanité, — puis perdre sa petite « vie individuelle » et passagère dans la grande « vie collective et permanente » de l'Humanité immortelle.

M. Littré assure que la perspective de cette disparition de l'existence individuelle dans la vie collective de l'Humanité apporte une « pleine satisfaction » au cœur de l'homme, et, ajoute-t-il en terminant, « il n'y a qu'une existence à la fois réelle et idéale comme l'Humanité qui, sans voile et sans symbole puisse cependant toucher les cœurs, illuminer les esprits, et commander tous les services. »

Je ne sais si le lecteur a pris au sérieux la page précédente, fût-il positiviste. Deux positivistes peuvent-ils se regarder sans rire avec leur culte de l'Humanité? Il est vrai qu'ils ne se soucient guère plus de leur culte aujourd'hui. Il y a encore à Londres une petite église où l'on adore l'Humanité; mais l'exemple est unique. En général, l'Humanité est peu adorée, étant peu adorable. Les fidèles de Littré ne sont plus que ses disciples, on a coupé au maître son inutile appendice de dévotion ridicule, et le positivisme reste avant tout *la doctrine de l'ignorance forcée de nos destinées.*

En vain Littré a-t-il essayé par les phrases poétiques qu'on vient de lire, de pallier cette ignorance inhumaine. Je crois qu'on n'a jamais réussi mieux à se payer de mots.

« L'homme se pipe, » dit Montaigne.

Car enfin, qu'est-ce que cette Humanité-Déesse ? Ou c'est une abstraction, ou c'est l'ensemble des hommes.

Si c'est une abstraction, je m'en moque. Si ce sont les hommes, Littré en proclamant qu'il faut les aimer et les servir, ressemble à M. de la Palisse et prèche la morale même. Mais il ne nous apprend rien. On sait assez ce qu'il faut faire. Que faut-il croire? Voilà ce que je demande aux philosophes. Je ne cherche pas la morale, mais la doctrine d'où elle découle par la pente même de la logique. On a le fleuve, je cherche la source. Or, cette source n'est certes pas le positivisme : il me refuse jusqu'au droit de la chercher. J'aime autant le matérialisme qui me la donne fangeuse.

D'ailleurs, *matérialisme*, *positivisme* se soudent, en fait, de plus en plus étroitement, et Taine et Littré s'embrassent aujourd'hui dans les bras de leurs disciples. Ce dernier avait espéré d'abord, en ne concluant pas, pouvoir se tenir à égale distance du matérialisme et du spiritualisme. Neutralité impossible !

« On chercherait vainement, dit un libre-penseur (1), chez le plus grand nombre de sectateurs de la philosophie positive ce désintéressement professé, et, sans aucun doute, éprouvé par M. Littré.

« Bien petit, s'il existe, est le nombre de ceux qui savent se tenir en équilibre sur la corde raide tendue par le chef de la doctrine entre le matérialisme et le spiritualisme, à égale distance de l'un et de l'autre ; et il n'y en a pas beaucoup, s'il y en a, qui aillent loin sans se laisser choir, que dis-je, sans se précipiter, non à droite ou à gauche ; tous tombent du même côté : dans le matérialisme.

« Il est notoire que pour la plupart de ceux qui se disent positivistes, la philosophie positive n'est qu'un masque. Soulevez-le, et, dans neuf cas sur

(1) Victor Meunier, dans le *Courrier des Sciences* (25 juin 1865).

dix, je suis modéré, vous trouverez un matérialiste et un athée. »

D'ailleurs le maître a plus d'une fois donné l'exemple : en dépit de sa profession de neutralité, il n'a pas pu « se tenir longtemps en équilibre sur sa corde, » et voulant enfin prendre un parti, c'est-à-dire être philosophe, il s'est « laissé choir à gauche. » Nous avons pu nous en apercevoir dans son *Hymne à l'Humanité*, où le plus lyrique des enthousiasmes aboutit à la plus démoralisatrice des solutions de la destinée humaine : le néant.

## XI

## L'AURORE DE LA PHILOSOPHIE DE LA VERTU

Montons toujours. Il nous faut un air plus pur. Au-dessus des quatre philosophies inférieures, dont nous venons de gravir les échelons successifs et ascendants; au-dessus de Hégel, qui nie tout, jusqu'à la raison; de Kant, qui se contente de douter; de Taine, qui croit déjà à quelque chose, la matière; de Littré enfin, qui ignore encore le reste, mais ne défend plus d'y croire; par-delà ces quatre chercheurs de la lumineuse vérité, dont le premier ferme les yeux; dont le deuxième rêve les yeux ouverts; dont le troisième regarde en bas, et le quatrième craint de regarder en l'air, — semblables à quatre astronomes dont pas un ne lèverait la tête, — j'entends une voix qui crie : Regardez en haut. Pour voir le soleil il ne suffit pas d'ouvrir les yeux et de regarder la terre. Il faut oser regarder le ciel.

M. Renan regarde le ciel (1).

« Le matérialisme est un non-sens, dit M. Renan... Il est le fait d'esprits étroits qui se noient dans leurs propres mots et s'arrêtent au petit côté des choses. Le matérialiste est comme un enfant qui ne verrait dans un livre qu'une série de feuilles noircies et liées entre elles, dans un tableau qu'une toile enduite de couleurs. Est-ce là tout? N'y a-t-il pas encore l'âme du livre, du tableau, la pensée ou le sentiment qu'ils représentent, et cette pensée, ce sentiment, ne méritent-ils pas seuls d'être pris en considération? Le matérialiste voit la grossière réalité, mais non ce qu'elle signifie ; il voit la lettre, mais non l'esprit. »

Le grand côté des choses, la signification élevée des choses, l'esprit, l'âme : voilà des mots nouveaux que le matérialiste ne connait pas. Il ne voit que la lettre. Or, il n'y a pas que la lettre, lui dit M. Renan. Il n'y a pas que la matière. Les choses ont un sens. Une idée n'est pas « une combinaison chimique analogue à l'acide formique », elle est l'acte d'une intelligence qui conçoit, et dans ce livre, dans ce tableau, où l'œil ne voit que des feuilles et des couleurs, il y a, et sans acide formique, une pensée, une empreinte d'âme.

Au-dessus de la lettre, il y a le sens, au-dessus de la *matière* il y a l'*esprit*.

« L'âme n'a rien de matériel, » dit M. Renan.

Et non seulement l'âme existe, mais l'absolu existe, « l'absolu est une réalité. » Il y a les corps,

(1) Ecrit avant *l'Abbesse de Jouarre*.

il y a les âmes, et il y a l'absolu. La physique, l'astronomie, etc..., sont les sciences des corps ; la psychologie, la morale, etc..., sont les sciences de l'âme ; la métaphysique, l'ontologie, etc... sont les sciences de l'absolu.

« Logique, métaphysique, dit formellement notre philosophe, autant de sciences de *l'éternel*, de *l'immuable*... Par elles nous plongeons dans un monde qui n'a ni commencement ni fin »..., « lieu de *l'idéal*..., » « lieu des *âmes*..., » mobile de nos grandes aspirations, type suprême de la science, de l'art et de la vertu ; vérité, beauté et sainteté adorables. Tous ces mots sont de M. Renan.

Nous voilà loin du matérialisme. Est-ce le spiritualisme? pas encore ; mais c'en est l'ébauche. C'est l'échelon intermédiaire. Car la série des doctrines ressemble à la série animale, où la nature, qui ne fait pas de saut, ménage entre les espèces des transitions habiles et nuancées. Renan ce n'est pas encore Jules Simon, ce n'est pas même Vacherot ; ce n'est plus Taine, ce n'est même plus Littré.

Chez Taine point d'âme, dans Littré point d'absolu ; la terre, mais sans l'homme, la terre, mais sans le ciel. Renan commence à entrevoir ces deux choses. Vacherot les affirme plus résolument encore, et c'est même à lui, à proprement parler, que commence le spiritualisme.

Car, en dépit de ses « formules élevées », comme il les appelle, Renan reste dans l'hésitation, et fait aux doctrines inférieures des concessions qui les ramèneraient tout entières.

A prendre isolément plusieurs de ses propositions, vous le croiriez le plus spiritualiste des philosophes. Il est telle page où il parle solennellement, chaleureusement de l'âme et des choses spirituelles. Mais si vous rapprochez de ces textes d'autres textes et l'ensemble de ses idées, ce spiritualisme s'évanouit. S'il a dit : « L'âme n'a rien de matériel, » il a soin d'ajouter : « Mais elle naît à propos de la matière... » « Elle est une résultante, » et n'existerait pas sans l'organisme matériel qui la produit, « à peu près comme un concert n'existerait pas sans les tubes et les cordes sonores des exécutants, bien qu'il soit d'un tout autre ordre que les objets matériels qui servent à le réaliser. »

Ainsi donc l'âme n'a pas une autre sorte de réalité que les sons et l'harmonie d'un concert. N'est-ce pas le matérialisme pur, moins le mot?

M. Vacherot n'a pas ces hésitations, coupables, puisque sous des « formules élevées » elles ramènent à la théorie du vice. Par ce sens honnête qui fait le fond de son caractère, M. Vacherot a compris l'étroite solidarité des deux causes du spiritualisme et de la vertu, et le soupçon de matérialisme, de positivisme même, serait pour lui la plus grossière des injures.

Comme il le remarque fort bien, si l'âme n'est qu'une résultante, une harmonie, un produit de l'organisme, comment se fait-il qu'elle résiste aux passions du corps, qu'elle dompte et gouverne les appétits? — Raisonnement d'honnête homme, qui sent en lui la liberté. L'âme commande en nous, donc elle est distincte. M. Vacherot cite une des plus belles pages de Jouffroy, où se trouvent décrits l'empire exercé par l'âme raisonnable sur toutes les facultés, et les effets prodigieux d'une direction constante imprimée à tout l'homme intérieur par une volonté énergique.

L'auteur du *Nouveau Spiritualisme* admire Maine de Biran lui-même, et conclut en disant : « *La distinction des deux vies*, des deux activités, des deux natures dans l'homme, le caractère propre de la vie spirituelle, les rapports qui l'unissent à la vie corporelle, la spontanéité de l'activité volontaire et son empire sur les principes de la vie animale, toutes *ces grandes thèses, qu'il importe tant d'établir* sur une base inébranlable, deviennent, après qu'on s'est pénétré des fortes doctrines de Maine de Biran, des vérités de sens intime contre lesquelles nul scepticisme ne saurait prévaloir. »

Admirons ici, de notre point de vue moral, la supériorité évidente des doctrines de M. Vacherot sur celles de M. Taine ou de Littré. Notre intention n'est pas, nous l'avons dit et redit, de trancher intellectuellement les débats. Mais nous constatons un fait en cueillant le fruit moral de chaque philosophie. Nous ne disons pas : *Celle-ci est vraie*, ce qui peut toujours être discuté alors même que ce n'est pas discutable, mais nous disons : *Celle-ci est meilleure*, ce qui s'impose. La vertu est un juge non suspect, étant l'honnêteté même.

Or, prenez trois hommes. Dites au premier : L'homme est une brute esclave ; au second : L'homme est une âme libre ; au troisième : On n'en peut rien savoir. Infusez à l'un la foi de Taine, à l'autre celle de Vacherot, au dernier celle de Littré. Quel sera le mieux armé pour les luttes de la vie, pour la grande lutte morale qui se livrait dans l'adolescent Hercule et qui se livre en tout homme ? Toutes choses égales d'ailleurs, quel sera le plus vertueux des trois ? Qui domptera le mieux ses passions ? Qui aura la plus noble tenue morale ? Sera-ce la brute esclave ? Sera-ce le malheureux qui s'ignore ? L'évidence répond : ce sera celui qui se croira libre.

Se croire noble et se croire libre, sentir son âme, il faut cela pour résister. Noblesse oblige, et la liberté rend fort. Mais si je m'ignore, je me laisse aller ; si je me crois machine, je me laisse faire. Dans le doute, allons au plus sûr, le plaisir. Et que m'importe, si le vice et la vertu sont des produits comme le sucre et le vitriol, de produire du vitriol ou du sucre ?

Et la réciproque est vraie : si le spiritualisme mène à la vertu, la vertu mène au spiritualisme. Admirable loi : la vérité au plus digne ! Prenez trois hommes, non plus un matérialiste, un positiviste, un spiritualiste, mais un ivrogne, un indifférent, et un noble cœur. Exposez à chacun les trois doctrines : Taine, Littré et Vacherot, et dites leur de choisir. Je ne crois pas m'avancer trop (d'ailleurs qu'on tente l'expérience) en pariant pour le résultat suivant : l'ivrogne — matérialiste, l'indifférent — positiviste, le noble cœur — spiritualiste. Et c'est logique : ils ne font que reconnaître la théorie de leur conduite. On peut dire qu'ils avaient choisi déjà, et qu'ils étaient philosophes sans le savoir. Ils avaient choisi moralement; le choix intellectuel s'en suivait. Qu'est-ce que l'abrutissement, sinon le matérialisme moral? Qu'est-ce que l'indifférence? c'est le positivisme moral. La grandeur d'âme? Le spiritualisme moral.

Il serait d'un piquant intérêt de descendre aux détails de cette délicate analyse, d'assister à la génération des théories dans les pratiques et des pratiques dans les théories, de surprendre les influences réciproques du cœur sur l'esprit et de l'esprit sur le cœur, d'étudier le terrain moral qui convient à telle croyance et l'inconsciente philosophie qui germe dans la conduite d'un homme. Les systèmes n'habitent pas exclusivement les têtes des Aristotes et des Platons. Tout homme est une philosophie vivante. A toute doctrine correspond un genre de vie. Toute idée a son équivalent moral. A la vie animale correspond le matérialisme, à la vie humaine le spiritualisme, le positivisme à la vie indifférente.

*Homo sum!*

## XII

## UN GRAND DÉBAT TRANCHÉ PAR UN MOT

Mais ici s'engage une discussion capitale, et le spiritualisme se ramifie en deux branches.

Ici M. Vacherot, vainqueur de M. Taine et de Littré, rencontre un nouvel adversaire, M. Jules Simon.

Vacherot et Jules Simon : deux spiritualistes, séparés par un abîme.

Pour l'un comme pour l'autre, l'âme existe ; l'un et l'autre affirment « la distinction des deux vies, des deux activités, des deux natures. » Mais l'un s'arrête là ; l'autre va plus loin.

Au-dessus du monde Matière, M. Vacherot voit le monde Esprit ; au dessus de ces deux mondes, M. Jules Simon en entrevoit un troisième.

Pour l'un, il y a deux vies, deux natures ; pour l'autre il y en a trois.

Je m'explique.

Le plus grand mot des langues philosophiques, la notion la plus élevée, la plus large que puisse atteindre l'esprit humain, c'est le mot, c'est la notion d'« absolu ».

Lisez, je ne dis pas Taine, ni Littré, qui sont plutôt des physiciens que des philosophes, mais lisez Renan, lisez Vacherot, les spiritualistes de toute école et de toute nuance, vous y trouverez le mot d'« absolu » à toutes les pages.

L'absolu c'est l'immuable, c'est le permanent, c'est l'idéal, c'est le parfait, c'est l'infini. Au sein du monde où tout passe, où nous passons nous-mêmes, où les Hugo chantent des *épopées au ver* destructeur de toutes choses, l'absolu est le centre immobile autour duquel tout gravite. Le Vrai, le Bien, le Beau, c'est lui. Il est, dit M. Renan, l'idéal qui nous attire, le ressort qui nous pousse au progrès, le mobile de nos aspirations supérieures, le type suprême de la science, de la morale et de l'art, la vérité, la beauté, la sainteté adorables.

Jusque-là M. Renan parle comme Platon et Bossuet, M. Vacherot comme Jules Simon et Maine de Biran. Jusque-là tous les spiritualistes sont d'accord.

Mais le champ de bataille, le voici :

Cet absolu, cet idéal, ce parfait, cet infini, ce type suprême, *est-il vivant ?*

Misérables, en face de nos misères ; artistes, en face de la beauté fugitive ; philosophes, devant la vérité incomplète ; vertueux, devant nos pauvres vertus, nous rêvons la perfection idéale et l'absolu de tout ce que nous voyons et de tout ce que nous sommes. Mais qu'est-ce que cette perfection absolue ?

Est-ce un rêve? est-ce une réalité?

Lequel des deux? un rêve de notre esprit, ou une réalité concrète?

Ne pouvant que peu, ne sachant que peu, n'aimant que peu, nous rêvons le pouvoir infini, la science infinie, l'amour infini. Mais qu'est-ce que que cet infini moral?

Une idée, ou un objet véritable?

L'idéal nous attire; mais qu'est-ce que l'idéal absolu?

Est-ce l'abstraction suprême, ou la perfection de la réalité?

De toutes les qualités de tous les êtres, dégagées de leurs limites et poussées à l'infini, nous composons une abstraction magnifique, un fantôme transcendant qui est tout, et qui n'est rien de borné. Ce n'est plus une force, c'est la Force, ce n'est plus une vie, c'est la Vie, ce n'est plus une pensée, c'est la Pensée, ce n'est plus un être partiel, c'est l'Etre, sans conditions ni limitations.

L'Etre! nous tombons à genoux et nous adorons.

N'adorons-nous qu'une création de notre esprit?

Voilà la question, voilà le champ de bataille.

Pour M. Jules Simon, l'Etre existe, la Perfection est une réalité. Pour Renan l'Etre n'est que la plus haute de nos idées (1) et la Perfection le plus adorable de nos rêves.

(1) Même quand il dit : « l'absolu est une réalité, » il veut dire une réalité de notre esprit, c'est-à-dire une *idée*.

« Plus on presse dans le détail, écrit M. Caro, la pensée de M. Renan sur Dieu, dans les *Etudes d'histoire religieuse*, plus on arrive à se convaincre qu'elle se résume en une sorte de *religion anthropologique.*

« L'homme fait Dieu, l'homme crée Dieu en le pensant. Il appelle de ce nom sublime le mobile secret et intérieur (subjectif, comme diraient les Allemands) de toutes ses grandes aspirations. Dieu c'est pour lui le type le plus élevé de la science, de l'art ; c'est le vrai qu'il conçoit, c'est le beau qu'il imagine ; c'est tout cela, mais ce n'est pas un être. C'est tout cela, mais ce n'est pas une réalité distincte de nous qui pensons ; c'est l'esprit de l'homme réfléchi dans ce qu'il a de plus grand, c'est le cœur de l'homme réfléchi dans ce qu'il a de plus pur. C'est toujours l'esprit et le cœur de l'homme. C'est toujours l'homme. »

D'ailleurs M. Renan ne s'en cache pas :

« L'absolu de la justice et de la raison, affirme-t-il, ne se manifeste que dans l'humanité ; envisagé hors de l'humanité, *cet absolu n'est qu'une abstraction.* »

« Le modèle de la perfection nous est donné *par la nature humaine.* »

« La vraie théologie est la science du monde et de l'humanité. »

« La plus haute chose que nous connaissions *dans l'ordre de l'existence*, c'est l'humanité. »

« Ne nions pas qu'il y ait des sciences de l'éternel, *mais mettons-les bien nettement hors de toute réalité.* »

Eh bien donc, que penser de cette théologie ?
Qui a raison, Jules Simon ou Renan ?
Dieu existe-t'il, ou Dieu n'existe-t'il pas ?
Question suprême, question des questions !
Je la tranche d'un mot.

Et ce mot, ce n'est pas aux Platons que je le demande, ce n'est pas aux déductions savantes des philosophies les plus subtiles, ni même au cri spontané du plus irrésistible bon sens. Je me suis interdit ces témoignages. Ce n'est pas à l'idéalisme, au panthéisme, au catholicisme que je demande mes preuves. Ce n'est pas à Bossuet ni à Darwin. Mais je prends les ivrognes, les assassins, les voleurs, les orgueilleux, les débauchés d'une part, de l'autre toutes les puretés de l'âme, les délicatesses virginales, les résignations saintes dans la douleur, les longs dévouements obscurs, les luttes intérieures et sans témoin contre le vice et la séduction du mal, toutes les vertus et l'humilité qui les couronne.

Et je dis aux deux groupes, au groupe hideux, au groupe sublime : Choisissez. Je m'en rapporte à vous. Dieu existe-t-il ou Dieu n'existe-t-il pas ? Où vont vos préférences, vice et vertu ? Néron, te plais-tu à croire ouvert sur toi l'œil d'une perfection vivante ! Que pensez-vous de Dieu, vous dont la vie est un long effort de douceur, de patience, d'abnégation, de charité ? Et vous les égoïstes, les indifférents, les voluptueux, qu'en pensez-vous ?

Ceux qui disent : Dieu n'est pas, sont-ils, en général, les bons, les aimants, les humbles, les justes ?

Et quand ils le seraient; quand le mot de la Bruyère: « Qu'on me trouve un homme vertueux, sobre, modéré, chaste, qui décide qu'il n'y a point de Dieu: il prononcerait du moins sans intérêt: mais un tel homme ne se trouve point, » quand ce mot serait faux toujours comme il est faux quelquefois, — logiquement, et abstraction faite des personnalités humaines, quelles sont les sympathies de la vertu? Sont-elles pour Dieu ou contre Dieu? La vertu, à sa source, est-elle croyante ou athée? De quelle doctrine est-elle le fruit *logique*? Laquelle des deux branches du spiritualisme est sa branche mère?

Les hommes ne tirent pas toujours les conséquences pratiques de leurs idées, et M. Renan reste un parfait honnête homme, mais les idées ont des conséquences pratiques. Toute philosophie a sa morale, tout dogme ses mœurs, et si l'on ne peut pas dire toujours : Apprends-moi ce que tu penses, je t'apprendrai ce que tu es, on peut toujours dire: Je t'apprendrai ce que tu devrais être.

Que devrait-être un athée? Qu'a-t-on le droit d'en attendre? Voilà ce que savait Voltaire: « Je ne voudrais pas, dit-il, avoir affaire à un prince athée, qui trouverait son intérêt à me faire piler dans un mortier; je suis bien sûr que je serais pilé. Je ne voudrais pas, si j'étais souverain, avoir affaire à des courtisans athées dont l'intérêt serait de m'empoisonner; il me faudrait prendre, au hasard, du contrepoison tous les matins. »

« Athées, » disait Napoléon, « les hommes s'entre-déchireraient pour la plus belle femme ou la plus grosse poire. »

« Sortez de l'idée de Dieu, dit J.-J. Rousseau, je ne vois plus qu'injustice, hypocrisie, mensonge parmi les hommes. »

« L'athée fourbe, ingrat, calomniateur, sanguinaire, dit encore Voltaire, raisonne et agit conséquemment, s'il est sûr de l'impunité de la part des hommes. Sans la croyance en Dieu, ce monstre est son Dieu à lui-même. Il s'immole tout ce qui lui fait obstacle. »

Car, s'il est vrai, et Robespierre le comprenait, mais trop tard, que « l'idée d'un Être suprême est un appel perpétuel à la justice, » qui ne sent que l'athéisme est la permission tacite de toutes les licences et de toutes les passions?

Cela est si clair, ces deux choses : Dieu et vertu, sont si évidemment liées l'une à l'autre, l'athéisme est si logiquement l'idée démoralisatrice par excellence, qu'une sorte de pudeur instinctive empêche les incrédules honnêtes de rejeter le mot Dieu. On juge indécent de se proclamer sans Dieu. Car enfin, comme l'a dit le F.·. Macé : « Qu'est ce que l'homme? Un animal religieux. Supprimez l'adjectif, il reste le substantif. »

Aussi veuillez en faire la remarque : presque tous les athées de distinction et de valeur prennent pour une injure l'accusation d'athéisme.

On peut voir en ce genre des tours de force, ou plutôt de subtilité, surhumains. Que dites-vous de cette phrase :

« En dehors de l'homme et de la nature, il n'y a rien, que le néant... »

Vous dites : voilà l'athéisme pur.

Eh bien! non, vous vous trompez, car l'auteur ajoute :

« C'est le néant qui est Dieu. Donc nous ne sommes point athées, puisque nous proclamons Dieu. » Ainsi parle Hégel.

M. Renan, à son tour, est aussi ineffable qu'il peut l'être en français. Il parle quelque part de « l'énorme malentendu qui, si souvent, transforme en blasphémateurs de la divinité ses plus pieux et plus sincères adorateurs, » et il se proclame adorateur pieux et sincère. A l'entendre parler de sa « profonde piété, » qui « craint de blasphémer, » de « déroger à la majesté divine, » etc...; — à trouver sous sa plume des mots comme ceux-ci : « L'homme, prêtre du monde; » « la religion sera éternelle dans l'humanité, » il faut « connaître Dieu, » « aimer Dieu, » « servir Dieu, » on le prendrait pour le plus dévot des mystiques.

Et, en effet, il adore Dieu. Car *Dieu, c'est une idée de l'homme !...*

Ne les chicanons pas sur les mots, et puisque les athées veulent être absolument « les hommes les plus religieux, » mettons l'athéisme au nombre des religions du globe. Il ne restera plus qu'à voir si cette religion est la vraie, et si le Dieu des athées est le vrai Dieu.

Il n'y aura plus qu'à choisir entre le Dieu de Renan et celui de Jules Simon, entre la perfection abstraite et la perfection vivante.

Je crois que la vertu a choisi.

# XIII

## LA VERTU JUGE ENTRE DEUX THÉOLOGIES

Oh! Jupiter était un Dieu bien commode, qui n'avait pas le droit de tonner sur l'adultère. Vénus était une déesse bien indulgente, et les voleurs aimaient leur compère Mercure. Toutes les coquineries humaines avaient leurs complicités olympiennes, et les plus beaux vices de la terre leurs patrons au ciel. Cependant, on ne pouvait pas s'y fier tout à fait. On parlait de Tartare, de dieux vengeurs, et le gouvernement céleste ne garantissait pas absolument tous les crimes. Jupiter, criblé de lacunes et de côtés faibles, et bien loin de la plénitude de la perfection et de l'Être, en possédait cependant quelque chose, un peu de justice, un peu de toute-puissance, et ce pauvre homme avait ses côtés divins. Bref, le crime pouvait encore ne pas être entièrement à son aise, et le bien gardait encore, jusqu'à un certain point, son type, son protecteur éternel.

C'était gênant, pour les monstres.

Oh ! que je sais un Dieu plus commode !

Il est vrai qu'il est parfait, celui-là. Il n'a rien des faiblesses d'un Jupiter et de ses lacunes misérables. Il est l'éternel ennemi de l'impudique et du voleur, du moindre vice et de la pensée mauvaise. Il est le très bon, le très juste, le très saint, l'accompli, l'adorable.

Mais (et c'est là un *mais* savoureux pour les affriandés du vice), ce très juste, ce très bon, ce très saint, cet accompli, cet adorable, a cela de commun avec la jument de don Quichotte, dit Cervantès, avec toute chose parfaite, dit M. Renan, qu'il n'est pas vivant, qu'il n'existe pas !

C'est le Dieu-idée.

Au demeurant, il est parfait, et tombons à ses genoux.

Moi, je m'en moque.

---

Ce qu'il me faut c'est un Dieu réel, et M. Vacherot l'a compris.

Mais ici nouveau champ de bataille, et que le lecteur me permette de lui offrir en y entrant deux échantillons du dictionnaire philosophique.

J'emprunte à ce sublime jargon deux grands mots d'une majesté obscure, voilant deux idées claires et limpides.

La philosophie est la plus claire des sciences, moins les mots.

Donc, Dieu est-il *transcendant* ou *immanent?* Voilà la question.

Sur ce les philosophes se battent et se battront durant les siècles des siècles.

Dieu est-il transcendant ou immanent? Question d'apparence scolastique et subtile, en réalité question capitale, car l'erreur en philosophie ressemble aux erreurs du télescope, où souvent se tromper d'un fil, c'est se tromper de millions de lieues.

Oui, les philosophes ont raison de préciser, car de ce petit mot *transcendant* à ce petit mot *immanent*, la face du monde change.

Je m'explique. Ecrivant pour tous, je dois me mettre à la portée du plus humble.

Il y a Dieu, et il est réel. M. Vacherot l'accorde à M. Jules Simon. Mais ce Dieu est-il indépendant de l'univers?

Qu'est-il par rapport à l'univers? Est-il au-dessus? est-il au dedans? (Transcendant ou immanent?)

Disons mieux, car ce « dessus » et ce « dedans » sont des images enfantines qui pourraient faire illusion. Dieu est partout, étant l'infini. Mais l'essence divine est-elle *supérieure* au monde, et indépendante de lui? N'est-elle au contraire que le fond même des choses?

De là deux conceptions radicalement différentes: le *panthéisme* qui définit Dieu : la vie universelle, le grand tout, l'être cosmique, la substance unique de tous les êtres, la nature; et le *déisme* qui met Dieu infiniment au-dessus de toutes ces choses.

Pour celui-ci il y a Dieu, et il y a la nature. Pour celui-là, il n'y a que la Nature, divine.

Dans la doctrine de M. Vacherot, « la Nature est

une virtualité (1) infinie qui contient tout en puissance. La vie universelle est le développement de cette virtualité, le passage de cette puissance infinie à une série infinie d'actes qui la réalisent éternellement sans l'épuiser jamais. La réalité est ainsi comme la vie de la nature, laquelle est l'*éternel possible* dont se tire la réalité. La nature est forcée par sa propre essence à produire ; son activité est *immanente, nécessaire* ; elle est *instinctive* jusqu'au moment où elle arrive à se penser dans l'esprit humain. Son œuvre est souverainement intelligible, mais elle n'est pas intelligente en tant que nature ; elle n'est intelligente qu'en tant qu'esprit. Ce qu'il faut bien comprendre, c'est que l'esprit n'est pas la racine des choses ; il en est comme la fleur et la couronne ; il achève le développement de la vie universelle et il ne le commence pas. L'esprit, la pensée, ont pour base, pour substance, la nature, dit formellement M. Vacherot. Tout commence donc, logiquement au moins, par la vie inconsciente.

« L'activité préexiste à la pensée ; l'œuvre intelligible préexiste à l'intelligence. *Ce n'est que dans le Dieu-Esprit que le Dieu-Nature prendra conscience de lui-même.*

« Ainsi l'intelligence n'est pas cause, elle est effet. Elle n'est pas à l'origine des développements de l'être, elle en marque le terme. Elle fait son apparition au plus haut point du système, dans l'humanité. Ce n'est qu'en ce moment qu'elle est en acte ; aupa-

(1) C'est-à-dire une possibilité d'où tout peut sortir. Je supplie mes lecteurs de me pardonner ces termes, que je n'ai pas choisis.

ravant elle n'était qu'en puissance, confondue dans la virtualité infinie de la nature (1). »

Tout autre est la conception déiste. Dieu n'est plus cet être inconscient qui se développe dans le temps et dans l'espace, pour arriver à se penser dans l'âme humaine. Dieu n'a pas besoin du temps, ni de l'espace, ni de l'âme humaine, pour exister. Il est la grande nature immuable, le grand esprit éternel, modèle infini et créateur de tout ce que nous voyons et de tout ce que nous sommes. Il n'est pas la vie universelle, il est la Vie, la vie absolue. Il est l'Absolu vivant, l'Absolu personnel et libre, auteur volontaire et indépendant de tous les êtres partiels, moins réels que lui, qui ébauchent dans le néant, dans l'espace et le temps qui les épuisent, quelque imitation lointaine, quelque fugitive image de l'une ou de l'autre des perfections de l'Etre plein.

De ces deux conceptions, quelle est la bonne?

Quel est le vrai Dieu?

Qui a raison, le panthéiste ou le déiste? M. Vacherot ou M. Jules Simon?

Vous le pressentez déjà.

Oui, je le regrette pour M. Vacherot, et de sa part je m'en étonne : Mais il force l'honnête homme à protester contre lui.

*Amicus Plato sed magis amica virtus.*

Sans doute, par son affirmation de l'âme, l'auteur

(1) Caro, *l'Idée de Dieu.*

du *Nouveau Spiritualisme* est au-dessus de Taine, au-dessus de Littré; il l'emporte sur Renan lui-même. Sa distinction des deux vies, vie matérielle, vie spirituelle, est le commencement de la morale, la première pierre de la philosophie améliolratrice et progressive. Mais à quoi bon?

*Desinit in piscem mulier formosa superne*, et il me faut chercher ailleurs de quoi continuer l'œuvre.

Qu'est-ce que votre Dieu-Nature? « La nature? disait de Maistre, qu'est-ce que cette dame? » Moi je vous demande : Qu'est-ce que c'est que ce Dieu?

Vous le doublez du Dieu-Esprit, c'est vrai; mais il s'agit de l'esprit humain! Votre Dieu-Nature c'est l'univers; votre Dieu-Esprit c'est l'homme. C'est bien là ce que vous dites : Dieu vit par la nature et se pense par l'homme et, sans la nature et l'homme, point de Dieu.

Je ne vous accuserai pas d'athéisme. Votre honnêteté s'en effrayerait, car vous n'êtes pas athée par le cœur. Par l'esprit, vous prétendez ne pas l'être, et je vous l'accorde. Mais vous me permettrez bien de vous admirer et de m'humilier moi-même, au spectacle d'hommes restant vertueux au sein de religions capables de justifier tous les vices. La vôtre en est une, et vous n'en profitez pas. Honneur aux inconséquents de cette sorte! Mais gloire à la logique aussi. Or, la logique vous condamne; et après l'hégélianisme, le kantisme, le matérialisme, le positivisme et l'idéalisme, je mets au défi, non pas un panthéiste, mais le panthéisme, de produire une vertu.

Convertirez-vous le voleur en lui apprenant que

l'homme est divin? Mais si l'homme est divin, le vol est divin. Si c'est Dieu qui se pense par mon esprit, mes idées sont saintes et mes erreurs sont divines. Il n'y a pas d'erreur ; et il n'y a pas de mal. Pour les coquins, grands et petits, que de riantes perspectives! Il est vrai qu'il n'y a plus de coquins. Dans le grand jardin de la nature où il n'y a pas de fruit défendu, dans l'immense fermentation inconsciente et instinctive de la vie universelle, l'Etre cosmique va se développant sous toutes ses formes verdoyantes et humaines, et l'ortie est sacrée, et le méchant est divin.

Avouez-le, vous tous que nos idiomes déistes marquent des noms infamants de débauchés, de menteurs et de scélérats, Spinoza est charmant pour vous. Car il fait plus que vous réhabiliter ; et si vous aviez à choisir, à classer dans votre reconnaissante estime vos philosophies priviligiées, — à l'idéalisme, qui vous laisse faire; au positivisme, qui vous ignore; à Kant, qui vous endort sur l'oreiller de son doute ; à l'algébriste Hégel, qui vous déclare identiques à l'honnête homme; au matérialisme, qui fait de vous des machines, vous préféreriez quelque chose : le panthéisme, qui fait de vous des dieux.

A bas l'athéisme, alors! Eh! n'est-ce pas déshonorer le vice que d'en faire du vitriol, quand on peut en faire une qualité divine?

## XIV

## LES DEUX GRANDES SYNTHÈSES PHILOSOPHIQUES

---

L'âme existe, distincte du corps.

Dieu existe, indépendant de la nature.

La nature, l'esprit, Dieu : trois mondes, trois ordres de réalités, trois vies : vie matérielle, vie spirituelle, vie absolue.

Dieu n'est pas une idée de l'homme ; il n'est pas le fond de la nature. Dieu n'est ni la nature ni l'homme : Dieu est Dieu.

Voilà l'éternelle philosophie de la vertu, et, par la vertu, du Progrès. Je constate qu'on n'en a pas trouvé d'autre.

Quelles sont les autres philosophies?

Elles se reduisent à trois (je parle de celles qui affirment quelque chose) :

Le *matérialisme*, qui ramène tout à la matière ;

L'*idéalisme*, qui ne voit que l'esprit de l'homme ;

Le *panthéisme*, qui confond tout avec Dieu.

Or ces trois doctrines sont immorales; et immorales, remarquons-le, non pas par ce qu'elles affirment, mais par ce qu'elles nient, comme les systèmes, a-t-on dit, sont faux par ce qu'ils nient et vrais par ce qu'ils affirment.

Le matérialisme est immoral, non pas parce qu'il croit à la matière, mais parce qu'il répudie l'âme et Dieu. L'idéalisme est immoral, non pas parce qu'il croit à l'esprit humain mais parce qu'il ne voit rien au-dessus de l'esprit humain. Le panthéisme est immoral, non pas parce qu'il met Dieu dans les choses, mais parce qu'il l'y emprisonne et le confond avec elles.

Pourquoi nier?

Sans doute, la matière existe; mais la matière n'est pas tout.

Sans doute l'esprit de l'homme existe: mais l'esprit de l'homme n'est pas tout.

Sans doute, Dieu existe, et lui à la vérité est tout, mais c'est un tout supérieur, et Dieu n'est rien de borné.

Matérialisme, idéalisme, panthéisme : trois philosophies partielles, qui suppriment deux des trois termes, ou, ce qui revient au même, les ramènent à l'autre et les y confondent.

Notre époque est le triomphe de la philosophie qui confond. Nous assistons, à la fin du XIXe siècle, à un curieux phénomène. Les trois philosophies partielles, matérialisme, idéalisme, panthéisme, semblent, sous l'influence de Hégel, unir leurs confusions respectives au sein d'une confusion plus vaste, et tenter un suprême effort pour tout ramener à l'unité. Le noble besoin d'unité tourmente plus que jamais l'esprit humain. Seulement on cherche l'unité dans l'identité de toutes choses. On veut la synthèse, seulement c'est la synthèse hégélienne.

Quelle est la philosophie en vogue?

Ce n'est plus le matérialisme pur; M. Taine n'est pas qu'un matérialiste.

Ce n'est plus l'idéalisme seul; M Renan n'est pas qu'un idéaliste.

Ce n'est plus le panthéisme tout court; M. Vacherot n'est pas qu'un panthéiste ordinaire.

C'est le mélange des trois idées, la confusion des trois confusions, une sorte de panthéisme idéalico-matérialiste, un magnifique je ne sais quoi qui est à la fois Nature, Humanité et Dieu, et qu'on pourrait appeler la Confusion absolue.

Lisez Taine, lisez Renan, lisez Vacherot surtout : dans le premier sans doute l'idée de matière domine; dans le second l'idée d'esprit; dans le troisième l'idée de Dieu. Mais ces différences ne sont guère pour eux que des différences verbales. On sent qu'au fond de leur pensée, matière, esprit, Dieu, c'est la même chose. Hégel est là. Matière, esprit, Dieu, c'est le même être, qui s'épanouit de plus en plus. « Toute forme, tout changement, tout mouvement, toute idée, est un de ses actes... Toute vie est un de ses moments, tout être est une de ses formes. » (Taine.)

D'où vient cet être-monstre?

Du néant. M. Renan va nous l'expliquer.

Car M. Renan a écrit une genèse. Dans sa longue lettre à M. Marcellin Berthelot, sur l'avenir des sciences naturelles, après s'être préoccupé de l'histoire de la plus vieille période du monde, *l'histoire de la fondation de la molécule;* après avoir dit que la molécule pourrait bien être, *comme toute chose, le fruit du temps, le résultat d'un phénomène très prolongé, d'une agglutination continuée durant des milliards de siècles*, le chef de la critique française ajoute :

« Deux éléments, *le temps et la tendance au progrès*, expliquent l'univers... Sans ce germe fécond de progrès, le temps reste éternellement stérile. Une sorte de ressort intime, poussant tout à la vie, et à une vie de plus en plus développée, voilà *l'hypothèse nécessaire*... Il faut admettre dans l'univers ce qui se remarque dans la plante et l'animal, une force intime qui porte le germe à remplir un cadre tracé d'avance. Il y a une conscience obscure de l'univers qui tend à se faire, un secret ressort *qui pousse le possible à exister.* »

L'être-monstre vient du néant.

Et où va-t-il ?

A tout. Il devient de plus en plus.

C'est l'histoire du Tiers-État par Sieyès :

Qu'est-ce que le Tiers-État? Rien. Que sera-t-il? Tout. Que demande-t-il? A devenir quelque chose.

L'Être, qui part de rien, aspire à tout. Et il y arrivera. Déjà il est homme, déjà il pense. Fils du Dieu-Néant, le Dieu-Nature est devenu le Dieu-Esprit. Il monte. Le progrès est une ascension de l'Être (1). S'arrêtera-t-il à l'homme? ou, dans cent millions d'années, la vieille terre des singes sera-t-elle peuplée d'anges? Oui et non : il n'y a pas d'espèces, mais l'homme progressera toujours. Il fut mammouth, il sera puissance céleste. Car, « nulle limite ne peut être tracée à l'esprit humain, il ira toujours montant l'échelle infinie de la spéculation (et pour moi, continue modestement le chef de la critique française, je pense qu'il n'est pas dans l'univers d'intelligence supérieure à celle de l'homme, en sorte que le plus grand génie de notre planète est vraiment le prêtre du monde, puisqu'il en est la plus haute réflexion)... »

Etudiez la chimie, ajoute M. Renan; « et la grande loi qui nous donnera le pouvoir sur l'atome (quand nous l'aurons, remarquez-le, nous serons maitres du monde), qui sait si elle nous échappera toujours ? » « Qui sait si la science infinie n'amènera pas le pouvoir infini (2)? » Et alors... Alors nos fils feront de la terre un ciel. Peut-être nous ressusciteront-ils nous-mêmes! Et qui sait si, à force d'aspirer en haut, il ne nous poussera pas des ailes (3) (des ailes pour l'éther) :

Et peut-être voici qu'enfin la traversée
Effrayante d'un astre à l'autre est commencée !

(1) De ce point de vue, on comprend le mot de Renan : « La vraie théologie est la science du monde et de l'humanité, la science de l'universel devenir. »

(2) « Nous pouvons affirmer que la résurrection des morts se fera par la science. » (Renan.)

(3) C'est ainsi, on le sait, que la girafe s'est « monté le cou ».

Stupeur ! se pourrait-il que l'homme s'élançât !
O nuit ! se pourrait-il que l'homme, ancien forçat,
Que l'esprit humain, vieux reptile,
Devînt ange, et brisant le carcan qui le mord,
Se trouvât de plain-pied avec les cieux ? La mort
Va donc devenir inutile !... (1).

(V. HUGO.)

Alors enfin sera réel, cet idéal « auquel se suspendent... toutes les aspirations de l'homme » (Taine) ; l'homme tout-puissant sera plus qu'un ange, il sera Dieu ; et l'Être parvenu, à travers les milliards de siècles, au terme de son évolution progressive, se reposera enfin dans la plénitude de sa perfection adorable et de son bonheur infini.

Voilà, résumée en quelques mots de ses adeptes les plus éminents, l'une des deux grandes conceptions des choses, à la fin du XIXe siècle : *l'Évolution*.

Voilà le système que la moitié des savants, des historiens et des philosophes tiennent, à l'heure où j'écris ces lignes, pour le dernier mot de la science, de l'histoire et de la philosophie et par le livre, la revue, le journal, par toutes les voix de la publicité, prêchent à la foule.

L'évolution ! assurément les pièces du système ne sont pas neuves ; mais notre siècle ressuscite tout. Lucrèce est mort, et Spinoza aussi. Mais notre siècle est le grand forum, la grande exposition

(1) M. Flammarion, pour le moment, se contente de la métempsycose.

universelle de tous les produits de l'esprit humain; il est le rendez-vous général de tous les faits et de toutes les idées, et Lucrèce et Spinoza revivent comme les autres. C'est comme une revue qui s'apprête. De tous les points de l'horizon, par toutes les routes de l'esprit et de l'histoire, les faits accourent, les idées arrivent, s'agitent, se reconnaissent et, sous l'œil de la Critique, cette autorité du siècle, se massent en foules. La Critique, au large coup d'œil, examine et classe, compare et ordonne. Elle prend ces masses et les organise en corps; elle prend ces foules et en fait des peuples. Je ne dis pas qu'elle rejette l'erreur : elle ne rejette rien; mais elle approfondit tout, l'erreur comme la vérité. Je l'ai dit, c'est la synthèse qu'on cherche : nous aspirons à l'unité. En politique, quel est notre rêve? La république universelle. En religion? la religion universelle. En philosophie? la fusion universelle de tous les systèmes et de toutes les idées. De ces trois rêves, les deux premiers sont possibles (1). Le troisième l'est-il?

Oui, si l'on prend à chaque idée ce qu'elle a de réel, à chaque système tout ce qu'il contient de vrai : les vérités partielles font la vérité totale. Mais ici, Hégel, le grand crétin transcendant, ouvre la bouche pour dire : « Et le faux qui reste, vous l'oubliez! Car il y a le faux, comme il y a le Néant, et on doit en tenir compte. La vérité totale, c'est le vrai plus le faux, comme l'Être plein, c'est l'Être plus le Néant. Soyons complet! »

(1) A quelles conditions, nous pourrons le voir.

Et comme Hégel est Hégel (Aristote était Aristote), nos fiers critiques de dire : Amen, tout comme de simples scolastiques. — Non pas tous, pourtant : car il y a deux critiques. Chacune fait une œuvre et construit un édifice. Toutes deux ont le même but : la synthèse des doctrines. Mais l'une a pour maxime : *Tous les systèmes sont vrais*, et l'autre : *Tous les systèmes ont du vrai.*

Pour celle-ci, les systèmes sont faux par ce qu'ils nient et vrais par ce qu'ils affirment. Pour celle-là, rien n'est faux, et il faut tout prendre.

De là, deux synthèses, deux grandes conceptions des choses à la fin du XIX^e siècle : L'une composée de toutes les affirmations, l'autre de toutes les affirmations *et* de toutes les négations.

Dans l'une comme dans l'autre nous retrouvons tout : tous les systèmes : matérialisme, idéalisme, panthéisme ; toutes les idées : matière, esprit, Dieu ; — mais dans l'une harmonisés, et dans l'autre confondus. Car il y a deux façons de faire un tout : harmoniser les parties ou les confondre. Dans le tout Harmonie, l'Unité est Hiérarchie ; dans le tout Confusion l'Unité est Identité. Tout est identique, dit Hégel (1), et le matérialisme a raison, l'idéalisme a raison, le panthéisme a raison ; car matérialisme, idéalisme, panthéisme sont identiques ; matière, esprit, Dieu, c'est la même chose, c'est le même Etre, qui devient tout. Le panthéisme

(1) Le philosophe de la confusion universelle.

idéalico-matérialiste, l'Etre Matière-Esprit-Dieu, l'Evolution, voilà le dernier mot des choses.

Telle est la synthèse hégélienne.

L'autre procède tout autrement.

Elle croit, suivant le mot d'Herbert Spencer, qu'il y a dans toutes les erreurs une âme de vérité, mais qu'il y a des erreurs, puisqu'il y a des contradictions. Les systèmes se contredisent; et ils se contredisent, remarque-t-elle, par leurs négations. Ils se heurtent par leurs limites. Le matérialiste ne voit que la matière, l'idéaliste ne voit que l'esprit, le panthéiste ne voit que Dieu, et chacun nie le reste. Pourquoi nier? Effaçons les limites, supprimons les négations, dégageons « l'âme de vérité » de l'emprisonnement des systèmes. Affirmons ce qu'ils affirment, ne nions pas ce qu'ils nient. Avec le matérialiste croyons à la matière, avec l'idéaliste croyons à l'esprit, avec le panthéiste croyons en Dieu. Mais n'emprisonnons rien, ne confondons rien. Tout s'harmonise. La matière est matière, l'esprit est esprit, Dieu est Dieu. Cela n'empêche pas l'unité, pas même l'unité d'Être. Il n'y a qu'un Etre, soit; il n'y a qu'un Etre au sens plein du mot, mais il est parfait. Il est parfait au point de pouvoir tout faire, même créer: de là les êtres partiels qui imitent inférieurement quelque chose de sa réalité supérieure. Il peut tout, et même tirer de rien les mondes et leur communiquer une existence propre; il peut tout, et même tirer de rien les esprits et leur communiquer une existence libre. Il est tout, et ce qu'il crée n'est pas lui. Il est tout, et ce qui sera voulu ne le sera pas par lui. C'est l'infini de la puissance.

On le voit, ces deux vastes philosophies diffèrent essentiellement l'une de l'autre.

Pour l'une le Néant produit l'être qui évolue et devient tout; pour l'autre, l'Etre qui est éternellement tout, produit les êtres qui sont quelque chose.

Pour la seconde (la philosophie de l'Etre), pas d'évolution; mais fidèle à sa maxime : tous les systèmes ont du vrai, elle voit dans le grand système encyclopédique de l'évolution lui-même, une âme de vérité. Cette vérité, dont abuse la philosophie de l'Etre-Néant, c'est l'échelle des êtres. Oui, tous les êtres de l'univers forment une ascension magnifique, et du bas en haut la perfection va croissant par gradations délicates et nuancées. La pierre, la plante, l'animal sont des gradins qui s'élèvent, et de l'un à l'autre que de degrés! Tout se tient, et, lentement, plus animée, plus expressive, la vie monte. L'univers est un crescendo solennel.

Mais vous dites: donc le singe devient homme. — Et pourquoi? Est-ce que le *ré* devient le *mi*? Chaque être est une note de l'universel concert, et sur l'immense clavier les touches se suivent sans se confondre. Le gland ne devient pas citrouille, ni les lézards laquais comme dans les contes de Perrault. Le goujon n'est pas un aigle futur, ni la colombe un crapaud perfectionné. La colombe est une idée et le crapaud en est une autre. Que si, à travers les innombrables espèces, du corps de l'insecte au nôtre, le même plan architectural se poursuit, infiniment varié, profondément un, c'est que l'Intelligence est infinie et qu'elle est une. Tout monte à l'homme, qui est debout et peut regarder le ciel. Je dis : *peut*, car il est libre ; en lui, l'esprit peut acclamer l'Esprit, et par l'échelle des êtres, monter à l'Etre. Il peut dire : Dieu est, ou ne pas le dire, et par la raison, par le désir aussi, croire ou ne pas croire à la Perfection vivante. C'est le monde de la liberté qui s'ouvre. — De plus, l'homme n'est pas un être tout fait, comme le singe ou le colibri, toujours à leur rang, toujours infaillibles et impeccables. L'homme doit se faire et peut se défaire, doit monter et peut descendre. Il tombe par l'ignorance et le vice, et s'animalise ; il s'élève par la science et la vertu, et de plus en plus devient homme. C'est le monde du Progrès. Ici l'Evolution reprend ses droits, mais ce n'est plus l'évolution fatale de l'être universel dans l'homme, c'est l'évolution libre de l'homme même. Ce n'est plus le système qui dit à l'Humanité abstraite : Suis ta pente, et un jour (heureux les vivants), tu seras Dieu, qui n'existe pas encore. C'est celui qui dit à chaque homme : Fais le bien et tu verras Dieu, qui est éternellement.

Des deux systèmes, l'un et l'autre aboutissent pour le genre humain, au bonheur et à l'idéal réel, à l'idée de paradis. Mais à ce paradis l'un convie une abstraction, l'Humanité: tant pis pour les hommes, les hommes meurent ; l'autre nous convie tous. — Et comment y arrive-t-on ? Par le temps, répond l'un ; l'autre : par la vertu. — Et quel est ce paradis : pour le premier, c'est la Terre (s'il ne nous pousse pas des ailes), — un atome ; pour le second, c'est l'Etre même, l'Infini, avec toutes ses perfections et l'univers de ses œuvres.

Un parfait bien-être, dans cent mille ans pour le bipède perfectionné, devenu dieu de sa planète ; la Terre-Olympe, et l'Humanité-Déesse, voilà le ciel des évolutionnistes. Oh ! sur terre, dans cent mille ans, quel confortable divin ! De ce nectar je ne boirai pas, mais qu'importe ? O millions de bras qui travaillez aujourd'hui, millions de cœurs qui souffrez, millions de pauvres et de déshérités, vous n'arriverez pas au ciel !... Mais consolez-vous : vous n'êtes rien. Perdus comme les autres, dans la foule de « ces innombrables êtres que la Nature sacrifie à ce qu'elle fait de grand (1), » mourez, et avec le secret de la vie que nous vous donnons, mourez contents : « le secret de la vie c'est de se passer d'espérance (1). » Que voulez-vous ? « La vérité est triste (2). » N'importe : aimez-la. N'oubliez pas de pratiquer la vertu : la vertu est la beauté de l'homme, la vertu est la mère de la liberté et du progrès, la vertu est une sublime chose. Vivez purs, honnêtes, désintéressés, charitables, magnanimes. Guerre au Vice, père des décadences. A bas l'or-

(1) Renan.
(2) Vacherot.

gueil, l'avarice, la luxure, l'envie, la sensualité, la colère, la paresse, qui entravent l'essor de l'humanité vers l'idéal. Hommes, soyez justes ! Aimez-vous les uns les autres, et tous ensemble aimez le bien. « La Croix est le symbole de cet immense amour, qui a vaincu et conquis le monde par sa toute-puissante douceur (1). » Cédez à la « grâce », qui est « l'attrait du bien (1) » dans la conscience humaine. Le mal vous entraîne, dites-vous ? Résistez. Les passions commandent ? Refusez. Tu ne tueras pas ! Tu ne commettras pas d'adultère. Tu ne déroberas pas. O hommes, souvenez-vous de votre âme, songez qu'il y a en vous « deux vies, deux activités, deux natures (1). » Triomphez de l'une par l'autre. Luttez trente ans, cinquante ans, quatre-vingts ans. Restez dignes de cet immense Idéal, éternel aimant de l'Humanité, — et dans cent mille ans, ô espérance ! comme le singe a évolué en homme, l'homme évoluera à son tour en quelque bipède suprême, qui, dans le calme, jouira de toutes choses, — si la chimie n'a pas le moyen de vous ressusciter vous-mêmes, — vous et tous les coquins de l'univers.

(1) Vacherot.

## XV

## L'EURÊKA DU VICE

Je le répète, nous touchons à un moment solennel dans l'histoire de l'esprit humain. Nous vivons à une *époque* du monde, a dit quelqu'un. C'est vrai. La pensée est à bout, au moins en philosophie. Tout s'étant simplifié par la réflexion et la critique, il ne reste plus en présence que deux systèmes, mais deux systèmes immenses, encyclopédiques, deux géants ou, si vous l'aimez mieux, deux armées : car c'est une guerre à mort. Et quelle armée que celle des Platon, des Socrate, des Aristote, des Bossuet, des Maine de Biran, des Jouffroy, des Caro, des Jules Simon ; car ils sont frères. Et quelle autre armée que celle des Lucrèce, des Démocrite, des Spinoza, des Taine, des Renan, des Vacherot, fraternisant aussi dans une commune idée.

A mes yeux, l'un des plus grands spectacles de notre siècle est celui de ces deux synthèses, de ces deux cités ennemies, de ces deux vastes philosophies rivales et à jamais séparées : la philosophie de l'Etre, et la philosophie de l'Etre-Néant, l'une affirmant toutes les idées : matière, esprit, Dieu, et les conciliant par la création ; l'autre affirmant tous les systèmes : matérialisme, idéalisme, panthéisme, et les conciliant par l'évolution.

Or, je ne crains pas de le dire, parce que je suis à même de le prouver, ces deux synthèses ne sont autre chose que la somme des vérités et la somme des erreurs, la vérité totale et l'erreur totale, le Jour même et la Nuit philosophiques.

Oh ! je ne discuterai pas pour en faire la preuve : d'autant moins que mes adversaires, ce sont eux qui le déclarent, n'admettent pas la logique humaine, et posent en axiome souverain qu' « une assertion n'est pas plus vraie que l'assertion opposée » (l'identité de toutes choses). « Ceux qui refuseraient encore, disent-ils, d'admettre ce principe, n'ont rien à faire de nos livres, et nous, de notre côté, nous n'avons pas à nous inquiéter de leur opposition et de leur censure, car nous n'écrivons pas pour eux... »

« Les deux critiques, ajoutent-ils, sont sans action l'une sur l'autre ; ce sont deux lignes qui ne peuvent se rencontrer... » Et ils déclarent en toute occasion, qu'ils ne répondent à l'ancienne critique que par « la grande doctrine du dédain transcendant. »

On conçoit qu'après cette excommunication formelle fulminée par M. Havet, je n'aie nulle envie de discuter, n'étant pas dans les secrets du « nouveau régime mental » célébré par M. Littré, ni de « la logique supérieure à l'entendement » exigée par M. Vacherot.

Mais il est un mot qui doit échapper, je l'espère, au « dédain transcendant » de M. Renan, comme aux excommunications de M. Havet, un mot qui est de tous les *régimes* et dont la « logique supérieure » de M. Vacherot voudra bien ne pas s'irriter. C'est le mot Vertu. « Un bon vieux mot, un peu lourd peut-être, » mais en qui j'ai foi, et capable de juger plus d'un système.

Ah ! Messieurs les hégéliens, vous avez beau crier que « tout ce qui précède » votre révolution « est mort, » que « Descartes et Leibnitz appartiennent à l'histoire, aussi bien que Platon et Aristote... » que « leur philosophie est d'un autre temps, » qu' « elle ne peut plus répondre aux besoins nouveaux de la pensée moderne..., » qu' « il faut autre chose à la pensée de notre temps ; » vous avez beau dire de la critique : « la critique est née de nos jours, » et de l'histoire : « l'Histoire n'a pas quarante ans, » et de votre fameux principe : « il a mis entre le passé et l'avenir dans l'ordre intellectuel un abime infranchissable, » il a créé « la logique supérieure, » « la science nouvelle, » la métaphysique du XIX^e^ siècle, la raison même, inconnue avant vous : — je vous écoute, et suis prêt à vous en croire, mais permettez-moi d'abord d'interroger la vertu. C'est notre maitresse à tous, et j'espère, bien qu'elle ait plus de

« quarante ans », que vous ne recuserez pas son témoignage.

Tout ce qui vous précède est mort : logique, science, métaphysique, raison, Descartes, Aristote, Platon, Leibnitz ? C'est possible.

Le monde n'existait pas avant vous ? D'accord.

Vous avez biffé d'un trait de plume tout le passé et tout le genre humain ? parfait !

Mais auriez-vous biffé la vertu ?

Serait-elle « d'un autre temps », elle aussi !

Est-ce qu'elle « ne répond plus aux besoins nouveaux de la pensée moderne ? »

J'aime à croire que vous consentirez à une exception en sa faveur, et voudrez bien accueillir dans votre monde nouveau cette survivante du vieux monde.

Remarquez mon peu d'exigence : je vous demande ceci : Voulez-vous garder l'honnêteté, oui ou non? Si non, je m'empresse de me taire. Si oui, écoutez.

Je mets à part la clef de voûte de votre édifice : l'identité des contradictoires, c'est-à-dire « l'absurde » posé en principe comme base d'un nouvel esprit humain, — pour m'en tenir à cet édifice même, dans ce qu'il a de séduisant et de grandiose : l'évolution universelle de l'éternel Devenir.

« Il n'y a qu'un être, dites-vous, l'Être-Néant-Matière-Esprit-Dieu, le grand Rien qui devient le grand Tout.

Voilà votre synthèse, n'est-ce pas?

Eh bien! permettez-moi de l'admirer, votre synthèse, comme la théorie enfin complète, consommée, magnifique, définitive — du vice.

Je dis : admirer, car c'est un chef-d'œuvre. Matérialisme, idéalisme, panthéisme sont des jeux d'enfants à côté.

Sans doute le matérialiste est un corrupteur, l'idéaliste est un corrupteur, le panthéiste est un corrupteur. Mais, chacun à part, ce sont des corrupteurs encore grossiers et maladroits.

C'est l'enfance de l'art de corrompre.

Car enfin, dire à un homme : tout est *matière*, tu n'es qu'une bête sans Dieu ni âme, — c'est brutal. *Durus est hic sermo*, et pour avaler ces cailloux-là, il faut des gosiers d'autruches.

Le matérialisme ne va pas aux délicats.

Dire à un homme : tout est *idée* de ton esprit ; « c'est toi qui fais la vérité de ce que tu crois et la sainteté de ce que tu adores (1) ; » l'homme crée le monde en le voyant, l'homme crée Dieu en le pensant ; — c'est flatteur, mais c'est bien subtil, c'est du Schelling, c'est de l'allemand francisé.

L'idéalisme ne séduira pas les foules.

Enfin dire à l'homme, mortel et misérable, courbé sous le malheur et le vice : tu es un *Dieu*, ou pour le moins un morceau de Dieu, — c'est d'une ironie un peu violente pour réussir auprès du grand nombre.

(1) Renan.

Le panthéisme a contre lui bien des choses.

Bref Démocrite avec ses atomes, Schelling avec son moi universel, Spinoza avec son Dieu-Tout, malgré la profonde immoralité de leurs dogmes, ne sont dangereux qu'à demi.

Et puis ils ne vont pas sans remords. Tout en autorisant pleinement le vice, ils laissent sans réponse dans la raison du vicieux plus d'un scrupule possible. Car enfin les mots sont là. Si la matière est tout, pourquoi, dans toutes les langues, les mots « esprit » et « Dieu »? Pourquoi en a-t-on l'idée?

Si mon esprit est tout, etc...

On a beau nier et tuer les choses, les mots sont là, comme des cauchemars, et sur le doux oreiller on est hanté de mauvais rêves. Les mots reviennent venger les choses.

La victime devient le spectre du chevet,

a dit le poète.

Pour chasser les revenants et les fantômes, pour calmer les scrupules et dormir d'un vrai sommeil, la seule recette infaillible est la paix de la conscience, — je parle ici de la conscience intellectuelle. Si l'on ne veut pas de spectres, il ne faut pas faire de victimes. Je parle des grandes victimes philosophiques sacrifiées par les petits systèmes : Dieu ou l'âme, — des grandes négations. Il est maladroit de nier. Il ne faut pas se mettre à dos l'âme ou Dieu : cela est essentiel au repos même du vice, à la paix de sa conscience.

Or il est évident que ces bonnes relations avec les majestés de la philosophie, cet air de respect pour toutes les grandes choses, ce large esprit de conciliation synthétique et d'hospitalité universelle, qui est comme la justice et la charité des philosophes, — ne sont le fait ni du matérialisme, ni de l'idéalisme, ni même du panthéisme.

Etroits et exclusifs par nature, ces systèmes à négations sont des systèmes à remords : sacrifiant les deux tiers de la triple réalité admise par le genre humain, n'éclairant qu'un coin du champ des problèmes, ils laissent à l'âme de leurs adeptes la vague terreur de certains mots inexpliqués.

Il n'y a que la matière, dites-vous? Mais l'esprit?

Il n'y a que Dieu? Mais l'homme?... Le bon sens, ainsi nommé parce qu'il est juste et charitable, de cette justice et charité philosophique dont nous parlions tout à l'heure, le bon sens proteste instinctivement à ses heures, contre ces négations iniques de l'esprit systématique. Alors, à ses minutes de bon sens, il vient au Vice des doutes sur l'infaillibilité de son pontife Spinoza ou Lucrèce, sur la solidité de ce dogme corrupteur et bien-aimé, mais étroit, où il se repose. Je crois que Dieu n'est pas : mais si par hasard Dieu était ? O maître qui m'avez dit : Dieu est tout, si par impossible, j'existais moi-même? Alors le Vice a peur, ébranlé dans sa foi athée ou panthéiste, mal à l'aise dans sa théorie plus petite que la réalité. Il sent les bornes de son système : et au-delà de ces bornes, qu'y a-t-il? Insupportable doute! Vraiment, ma foi est étroite, j'y dors mal, moi le Vice. Arrière ce lit de Procuste! Arrière matérialisme, idéalisme, panthéisme, petits systèmes ! L'esprit humain est plus grand que vous. Il n'y que la matière ? Non ! Il n'y a que l'esprit ? Non ! Il n'y a que Dieu ? Non ! Chacun de vous oublie sans doute quelque chose. Matérialisme, idéalisme, panthéisme ! parfois, lorsque du sein des passions que vous me permettez d'assouvir, de tous les crimes que vous m'autorisez à commettre, ma pensée s'élève et vous dépasse, je tremble. Plus de lumière ! demandait Gœthe, moi je dis : Plus de largeur ! Moi l'ivrogne, le libertin, le voleur, je veux pouvoir penser sans trembler, penser au large. Il faut que le génie même puisse entrer dans le lit du vice sans s'y heurter à des bornes. Il me faut une théorie aussi vaste que la réalité, large comme le XIXe siècle !

Il me faut pour y reposer en paix, pour y dormir à l'aise, quelle que soit la taille géante de mon esprit, une couche gigantesque, encyclopédique, universelle. Je veux, car nier porte malheur, qu'elle soit faite de tout ce qui existe : matière, esprit, Dieu ; que rien n'y manque ; et avec ma mollesse, je veux enfin, sur cette triple réalité comme sur un immense coussin moelleux, m'étendre.

O philosophes du XIXe siècle, Vulcains de la caverne des lumières, Achille avait son bouclier, il faut que le Vice ait sa synthèse. A l'œuvre, la science et la critique ! A l'œuvre, les gloires du siècle, Hégel, Renan, Vacherot !

Eh ! la vertu n'a-t-elle pas sa synthèse, elle ? N'a-t-elle pas déjà, elle, fondu tous les systèmes pour en tirer sa doctrine ? N'admet-elle pas les trois mondes : matière, esprit, Dieu ?

J'y crois aussi, moi, le Vice, car j'ai l'esprit large, mais je ne veux pas y croire comme elle.

Allons! que la pensée moderne m'élève un monument digne de moi! Je veux une théorie noble, une grande philosophie, d'où je puisse tenir tête à ma rivale. Jusqu'ici le Vice n'a eu pour abriter son esprit, que des masures : il attend son palais. Le Vice était méprisé : il avait contre lui la noblesse et l'aristocratie des idées, les grands mots et les grandes choses. Dieu lui était terrible; l'âme lui disait : Je te condamne. Forcé de nier Dieu (idéalisme) ou de nier l'âme (panthéisme) ou même Dieu et l'âme tout ensemble (matérialisme), il se sentait misérable, avec sa foi réduite et son lambeau de croyance. La vertu me disait : Tu n'es qu'un gueux. Le bon sens me criait : Tu n'es qu'un nain, tu n'embrasses qu'un tiers de mon horizon. Le génie m'insultait : Tu n'es qu'un myope, tu ne vois pas les trois plans des choses. — Assez d'injures!

Un myope? — Hé bien! désormais, je veux la vue immense et complète.

Un nain? Hé bien, je me ferai géant.

Un gueux? Hé bien, je veux être roi!

J'aurai pour moi le génie et le bon sens, ces gouvernements du monde; j'aurai la raison, cette flatteuse de la vertu. Qu'on retourne tout!

O philosophes, aidez-moi dans mon œuvre titanesque. Forgez-moi une philosophie complète, ma philosophie définitive. Et quand vous l'aurez forgée et polie, civilisée et christianisée, s'il se trouve parmi vous quelque homme honnête, quelque ami fourvoyé de mon ennemie la vertu, je veux, et c'est un point capital, je veux celui-là pour me présenter au monde.

⁂

La Critique. — Εὕρηκα. J'ai ce qu'il te faut. Voici la synthèse des lumières.

Le Vice. — Y as-tu mis l'âme et Dieu ? C'est essentiel.

La Critique. — Tout y est : matière, esprit, Dieu.

Le Vice. — Mais c'est la philosophie de la vertu que tu me donnes là ?

La Critique. — Non, car la vertu distingue. Moi je confonds. Pour moi, matière, esprit, Dieu c'est la même chose, c'est le même Etre, l'Etre-Néant qui devient de plus en plus. C'est la philosophie du progrès.

Le Vice. — Le Néant qui devient matière, la matière esprit, l'esprit Dieu ? Rien qui devient Tout ? ce serait parfait..., mais c'est l'absurde que tu me dis là ?

La Critique. — Précisément. Et sache ceci : l'Absurde c'est pour nous la Raison même, la racine d'un nouvel esprit humain. Qui ne croit pas à l'Absurde n'est pas digne de la nouvelle Raison. Si tu ne veux pas croire à l'Absurde, tu n'auras pas ta philosophie. Mais donne ta foi, et tout t'appartient, et le chef-d'œuvre de l'esprit humain est à toi.

Le Vice. — O profondeur !... — Eh bien ! je crois. *Credo*. Vive l'Absurde, père de ma synthèse ! Vous la nommez ?

La Critique. — L'Evolution.

Le Vice. — Ce sera mon drapeau. — Et votre plus beau livre quel est-il?

La Critique. — C'est le *Nouveau Spiritualisme*, le plus vertueux des livres.

Le Vice. — Ce sera mon Evangile.

# XVI

## LE VICE « NOUVEAU SPIRITUALISTE ».

Il faut l'avouer, des mille et un tours pendables que, durant le cours des siècles, le vice a pu jouer à la vertu, le plus malin restait à faire : lui voler sa philosophie.

C'est fait.

« Quand le diable devient vieux, il se fait ermite, » a dit le bon La Fontaine. A force de temps le vice a fait comme le diable : il est aujourd'hui spiritualiste, et, lisez Vacherot, presque chrétien.

Du moins il peut l'être, dès qu'il voudra. Tout est prêt. Le *nouveau spiritualisme*, qui n'est autre que la philosophie du bien retournée au profit du mal, le nouveau spiritualisme est fondé. O Progrès! l'ivrogne peut se redresser et dire : Je crois à l'âme et à Dieu. *Credo in Deum*. Le vice se désencanaille, il a le même dictionnaire que la vertu.

Certes, loin de moi de condamner les intentions de M. Vacherot et de son école. Les philosophes sont presque toujours honnêtes, et celui-ci l'est entre tous. Un philosophe c'est un rêveur : or, le rêveur a l'âme bonne. Quant au rêve lui-même, c'est une tout autre affaire. Loin de moi d'accuser personne de quelque affreuse complicité avec l'ennemi du genre humain. Je n'accuse pas les personnes, mais les choses, et rien au monde ne m'empêchera de saluer dans l'auteur l'homme de la vertu, et de flétrir le livre comme la philosophie du vice.

Tu ne manges pas du fruit de ton arbre, voilà tout.

Tu es homme d'un côté, et philosophe de l'autre. Homme, tu veux croire aux nobles choses, aux saintes réalités, et tu en prononces les noms avec sincérité et ferveur; philosophe, tu mêles à ces grandes aspirations morales, que la vertu applaudit, le principe intellectuel de l'absurde hégélien qui les dénature, et transforme au profit du mal les croyances mêmes du bien. Homme, tu veux la raison et Dieu; philosophe, tu les détruis l'un et l'autre, et ce petit mot d'Hégel : « Tout est identique, » renverse tout.

Je n'ai pas à le montrer pour la raison, ne faisant pas ici de métaphysique. Mais je l'affirme pour la vertu. Le nouveau spiritualisme, « nouveau » parce qu'il est fondé sur la « raison nouvelle » qui est l'absurde, est un chef-d'œuvre : les siècles et le génie combinés n'ont rien produit, ne produiront rien de plus vaste; erreur ou vérité, c'est le plus grand monument, le plus complet, le plus magistral que l'esprit de l'homme ait élevé jamais — à la gloire du Vice.

Donc c'est l'erreur, dois-je conclure, la magistrale synthèse de l'erreur, édifiée, en face de l'autre, par le XIXe siècle.

Que ceux de mes lecteurs qui douteraient encore de la valeur de mes accusations, et de l'étrange complicité du *nouveau spiritualisme* et du Vice, veuillent bien prendre la peine ou le plaisir, de lire un hégélien. Il est bon que chacun s'exerce aujourd'hui à manier l'arme de la vraie critique, qui n'est autre qu'une attention pénétrante, et sache se défendre contre les malfaiteurs littéraires et philophiques, — même illustres — même vertueux. Les vertueux sont les terribles. Lisez donc M. Vacherot.

Je défie un honnête homme qui le lit en courant, de ne pas l'admirer.

Je défie un coquin qui l'approfondit, de ne pas l'applaudir.

La femme pieuse y trouvera les plus beaux élans mystiques : l'auteur parle avec émotion de Dieu, de ce Dieu, dit-il, « dans la contemplation duquel je trouve, moi faible roseau pensant, l'appui de ma faiblesse, la lumière de mon intelligence, la flamme de mon cœur ! »

Car Dieu existe. C'est la thèse.

Mais que le libertin se rassure. Dieu n'existe pas. C'est l'antithèse.

Dieu est, et Dieu n'est pas : voilà la vérité complète, avec ses deux faces, la *synthèse* sur Dieu.

Vous ne comprenez pas? C'est pourtant bien simple. N'est-ce pas la seule façon de concilier les trois systèmes : matérialisme, idéalisme, panthéisme, dont l'un affirme et l'autre nie?

Le matérialisme dit : Dieu n'est pas.

L'idéalisme dit : Dieu c'est l'idéal conçu par l'intelligence humaine.

Le panthéisme dit : Dieu c'est tout ce qui existe, l'universel.

Que fait M. Vacherot? Il prend tout cela tel quel, et, dans sa vaste synthèse, tâche d'ajuster ces trois morceaux.

Son Dieu est l'universel. Il existe donc (panthéisme). Mais l'universel n'est une réalité que dans l'univers et par l'univers, dans les choses et par les choses (matérialisme). En lui-même il n'est qu'une abstraction, un idéal conçu par l'esprit humain (idéalisme).

L'esprit humain conçoit l'idéal abstrait de toutes les qualités et de toutes les perfections (idéalisme), et cet idéal abstrait, l'activité infinie de la sainte nature le réalise dans l'univers (panthéisme), dans les choses et par les choses, dans les individus et par les individus (matérialisme), — le réalise de plus en plus, grâce à une force secrète, à un ressort intérieur, qui pousse tout au progrès, le néant à l'être, l'être-matière à l'être-esprit, l'être-esprit à l'être absolu et complet qui sera enfin Dieu consommé (évolution).

Oui, c'est cela. L'idéal abstrait (idéalisme) devient l'universel vivant (panthéisme), vivant dans les êtres particuliers (matérialisme), et ce devenir ne s'arrêtera qu'après la réalisation complète de l'idéal (évolution), comme l'artiste ne s'arrête qu'après avoir traduit au dehors toute son idée. Car l'idée attire l'ébauche, et lui crie incessamment : Sois parfaite comme je suis parfaite. La perfection attire l'univers. Ce que nous rêvons devient ce que nous voyons. C'est parfait d'optimisme ! Ma pensée va de l'avant, et le monde la suit. Le progrès entraîne tout : à son souffle, c'est-à-dire avec le temps, — comme l'humus a fait la plante, la plante l'animal, et l'animal l'homme, la barbarie arrive à la civilisation. Tout monte. La raison s'élève. La morale s'épure. L'homme s'angélise. De païen, chrétien ; de chrétien, *nouveau spiritualiste.* Place à l'essor universel et à l'universel transformisme ! Le passé : voilà l'ennemi ! Tout vieillit, il faut que tout évolue : les religions comme les animaux, les idées comme les choses. Place ! le nouveau c'est le vrai. La vérité a besoin d'être fraîche. « Faut-il le dire ? Je crois médiocrement aux vérités toutes faites... L'univers n'est que le flux éternel des choses. Et il en est du beau, du vrai, du bien, comme du reste. Ils ne sont pas, ils se font : une vérité, pour rester vraie, a besoin d'être constamment renouvelée... d'être complétée par ses contraires.

« Fixez-la, elle vous échappe, et vous ne tenez plus qu'un mensonge (1). »

(1) *Revue des Deux-Mondes.*

Voilà la philosophie de M. Vacherot, — la vérité en 1885. Ajouterai-je : « je l'ai fixée, et je ne tiens plus qu'un mensonge? »

Dieu m'en garde! Mais « faut-il le dire, » à mon tour, il est deux vérités « toutes faites » qu'en vieux réactionnaire je me permets de défendre contre la magnifique philosophie du Progrès. La première, c'est que le Vice est le père de toute laideur, de tout despotisme et de toute décadence. La seconde, c'est qu'après tous les haillons et les grabats à lui fournis dans le cours des âges par ses souteneurs philosophiques de l'ancien et du nouveau monde, c'est au plus honnête homme de France, au chef de la critique contemporaine qu'est échu, dans le siècle des lumières, l'ironique honneur de fournir à ce misérable, — sa plus belle toge et son plus grand lit.

# XVII

## LA PHILOSOPHIE DE LA VERTU

*Credo in Deum, patrem omnipotentem, creatorem cœli et terræ.*

Dieu est un esprit éternel, infini, tout-puissant, qui est partout, qui voit tout, et qui a fait toutes choses de rien.

Attendez ! je ne suis pas clérical ; mais je fais comme Molière : je prends mon bien où je le trouve.

Ceci c'est du Jules Simon tout pur.

Or, je ne vous dirai pas, lecteur, comment le pape et M. Jules Simon et le grand rabbin prouvent ceci. Les preuves de l'existence de Dieu, de l'Être indépendant et personnel, qui est à l'univers et à l'humanité ce qu'est le génie d'un Newton à un crétin et à une pierre, — qui n'est pas tout, car devant lui tout n'est rien, mais qui dépasse tout de la hauteur même de l'infini, — les preuves intellectuelles de l'existence de Dieu sont vraies ou fausses, peu m'importe. Mais la vertu exige Dieu. Donc il est.

La vertu exige l'âme. Donc elle est.

La vertu suppose la liberté. Donc l'homme est libre.

La vertu suppose la vie future. Donc il y a une vie future (1).

Dieu, l'âme, la liberté, la vie future : voilà les colonnes de la vertu.

Théorie vieille! me direz-vous. C'est vrai : aussi vieille que l'honnêteté et la sainteté. Elle présidait à la mort de Socrate, et au livre de la Sagesse de Salomon. Mais la vérité est toujours fraîche, quoi qu'en dise cet ineffable Hégel, qui a l'air de la prendre pour un fromage. Il y a longtemps que 2 et 2 font 4 et l'on ne cesse pas d'y croire. Il est vrai qu'Hégel n'y croit plus.

Théorie vieille? Vous voudriez du progrès? Eh bien! le progrès est là, oui, le progrès immense et indéfini ; car la vertu y est, comme le fruit dans la semence. Nous préciserons tout cela.

Je l'avoue, je reste parfois en admiration devant la stupidité de prétendus penseurs, et le peu de philosophie de prétendus philosophes, qui couvrent les pages de leurs volumes de ces grands mots de vertu et de progrès, quand toutes les pentes de leurs idées mènent au vice et à la décadence; qui ne rêvent que vertu et que progrès, mais en rejetant leur raison d'être ; qui m'imposent,

(1) Laquelle ? Bien des solutions ont été données, scientifiques ou religieuses. Nous trancherons le débat ailleurs.

comme l'honnête M. Vacherot, la sagesse et le culte du bien moral, mais tyranniquement, sans m'en donner de motifs, et veulent faire de moi, à leur image et ressemblance, un absurde honnête homme.

Je les prie de me respecter. Raisonnable, j'ai droit à des raisons. Libre, c'est à la persuasion que je cède et non au caprice vertueux d'un philosophe.

Si la vertu est stupide, pourquoi la pratiquerais-je? Or elle est stupide, dans vos systèmes.

L'est-elle, dans le mien?

L'est-elle, si je donne à l'Absolu l'intelligence?

L'est-elle, sous l'œil ouvert du Dieu vivant?

L'est-elle, si après ma pauvre vie terrestre, après une minute sur un atome, j'attends de cette vertu même la clef de la vie infinie?

Alors l'effort moral prend un sens, parce qu'il a un but. La vertu, ce mot, devient une chose, la grande chose et l'unique nécessaire, le vrai trésor de l'homme; et la pratiquer c'est faire l'acte humain par excellence, l'acte raisonnable. Elle et la Raison ne font plus qu'un, et le vice est acculé à la folie, — ce qui est le comble.

Ma théorie est l'apothéose rationnelle de la vertu. Osez dire qu'elle n'est pas la vérité.

---

Donc, vous voulez améliorer le peuple, dites-vous? C'est bien. Par l'instruction? C'est parfait. Vous voulez les lumières? Vous avez raison. La liberté? Vive la liberté! Le progrès? Vive le progrès! Mais vous déshonorerez ces grands mots si vous les prononcez à vide. Vous n'irez pas au progrès et à la liberté, si vous n'en prenez le chemin : le chemin de la liberté et du progrès, c'est la vertu. Vous ne donnerez pas l'instruction, si vous ne connaissez pas la vérité ; la vérité c'est la théorie de la vertu.

Or, la théorie de la vertu, et, par elle, de la liberté et du progrès, la voici : c'est la grande synthèse anti-hégélienne de toutes les affirmations éparses dans les différents systèmes, synthèse qui se résume en trois mondes, trois mondes distincts : matière, esprit, Dieu. C'est la largeur d'esprit qui embrasse toutes choses, moins l'Absurde, qui les confond toutes.

Voilà la lumière.

# XVIII

## LA MORALISATION PAR LA SCIENCE

Un des préjugés de notre temps, c'est de croire qu'il a inventé la science.

La science de la matière, oui.

Pas les autres.

Avant lui, l'Antiquité avait eu ses lumières.

Avant lui, le Moyen Age avait eu les siennes.

L'Antiquité avait parlé de l'homme.

Le Moyen Age avait parlé de Dieu.

Quels peintres de l'âme, dans ses orages ou sa placidité vulgaire, dans ses travers ou ses grandeurs, qu'un Sophocle, un Virgile, un Aristophane, un Homère! L'Antiquité nous a laissé la plus belle des littératures, c'est-à-dire la plus fidèle peinture de l'homme.

Mais sur Dieu et sur la nature, ténèbres.

Le Moyen Age fait un pas, et dévoile Dieu. C'est l'âge théologique, l'âge des docteurs et des saints,

Enfin le troisième monde se découvre, la matière, et depuis trois siècles le Colomb moderne côtoie cette nouvelle Amérique. C'est le triomphe des chimistes et des mécaniciens. C'est la troisième victoire de l'homme sur l'ignorance, la troisième révélation de la vérité.

Il est temps aujourd'hui d'embrasser ce vaste ensemble.

L'instruction dans l'Antiquité était très incomplète : on ignorait la nature et Dieu.

L'instruction au Moyen Age était incomplète : on ignorait la nature.

L'instruction aujourd'hui est-elle complète?

Elle peut l'être.

L'est-elle en fait?

Pas le moins du monde. (Je parle des écoles officielles en 1888.)

Qu'enseigne-t-on officiellement aux enfants de France à la fin du XIX^e siècle?

Les sciences de la matière.

Sur ce point, le progrès est immense et, sur la physique et la chimie, la géologie et l'astronomie, le dernier de nos polissons de douze ans en sait plus que tout le Moyen Age, époque d'ignorance et d'obscurantisme pour tout ce qui touche à la nature.

Le mal est, que l'instruction aujourd'hui se borne à la nature, comme autrefois elle se bornait à Dieu et à l'âme.

Toujours des bornes.

L'obscurantisme n'a fait que se déplacer. Il enténébrait la terre, il enténèbre le ciel. Il voilait le bas, il voile le haut. Il semble que l'esprit humain ne puisse se porter sur un point sans négliger tout le reste, et que l'atome suffise à lui cacher l'homme et Dieu.

Toujours la demi-science, la demi-instruction, la demi-ignorance.

Au Moyen Age, l'enseignement était aux mains des théologiens.

Aujourd'hui, il est aux mains des naturalistes.

Hier Bossuet. Aujourd'hui Paul Bert.

Quand donc aurons-nous Paul Bert-Bossuet?

Qu'est-ce que Bossuet? un demi-savant.

Qu'est-ce que Paul Bert? un demi-savant.

A quand le savant complet?

Je ne parle pas ici des opinions religieuses. Bossuet était catholique, Paul Bert athée, peu m'importe. Je m'en tiens ici aux grandes lignes. Pour moi, Bossuet est frère de Jules Simon et Paul Bert de Secchi.

A quand l'union de la philosophie et de la science, ou pour parler plus exactement, des sciences matérielles et des sciences spirituelles?

A quand le resplendissement de Dieu sondé par le Moyen Age, sur la nature sondée par les temps modernes.

A quand la diffusion pratique par l'enseignement populaire, de la vaste synthèse que nous avons reconnue être la vérité, la source de la vertu et du progrès?

Pour l'heure, les Paul Bert ne sont pas près de s'élargir jusque-là, et à l'ignorance, forcée chez nos aïeux, de l'astre et de l'atome, a succédé pour nos

nos enfants l'ignorance obligatoire de Dieu et de l'âme.

J'avoue ne pas comprendre. Décréter, en République française, à la fin du XIXe siècle, l'ignorance! l'ignorance, non pas, comme jadis, de l'accessoire et du détail (le luxe de l'accessoire nous inonde), mais des vérités essentielles, nutritives, pain de la vertu, sang de la vie morale, qui est la vie humaine.

Autant décréter la mort de l'homme.

Au fait, l'on se plaint qu'il n'y a plus d'hommes.

Qu'il soit permis à un républicain progressiste, à un libre penseur, de dénoncer, en passant, comme le pire ennemi de la liberté et de la pensée, de la République et du progrès, l'obscurantisme maçonnique, maître actuel de la France. — Je ne juge pas les intentions. Y a-t-il là, oui ou non, conspiration anticatholique, comme les catholiques le disent, je n'ai pas à le savoir. Ce que je constate est un fait : la bassesse d'esprit de l'enseignement officiel, sa vue courte et bornée au premier plan des choses, la matière, son défaut absolu de largeur et de hauteur, son ignorance honteuse et despotique des réalités supérieures, spirituelles et divines, des réalités *morales*, les seules, comme le mot l'indique si bien, qui soient moralisatrices.

Je me trompe : la matière, elle aussi, est moralisante ; — mais, chose admirable, à une condition :

que l'esprit l'illumine, que l'âme et Dieu brillent sur elle. La maxime maçonnique : instruire le peuple c'est l'améliorer, est vraie (toutes les maximes maçonniques sont vraies), elle est vraie, dis-je, non seulement, comme nous l'avons vu, dans le plus grand sens du mot instruire (l'instruction supérieure est la force moralisatrice par excellence), mais aussi dans le sens inférieur du mot, en restreignant l'instruction à la matière ; — oui l'histoire naturelle améliorera l'homme ; oui l'astronomie fera des saints et la chimie des héros, mais au jour où la bête humaine ayant cessé de diviniser la matière, l'âme y entreverra Dieu.

Dieu à travers la nature ! Le Moyen Age a vu Dieu à travers l'homme. Dans la nature il ne pouvait le voir encore. C'était la mission des temps modernes : il faut que la matière enfin révèle Dieu, et je ne doute pas que cette nouvelle révélation n'en sanctifie un grand nombre. Dieu dans la nature! n'est-ce pas déjà l'idée inspiratrice de nos philosophes et de nos penseurs comme de nos poètes contemporains, Victor Hugo, Flammarion, Vacherot ? Et c'est cette idée qui fait leur grandeur et leur succès. On sent en eux les tâtonnements obscurs, mais déjà solennels, de la philosophie du XXe siècle. Chez eux sans doute la grande idée patauge encore dans le panthéisme, leur Dieu est un Dieu matériel, un Dieu de pierre, comme chez les sauvages ; c'est un grand fétiche, c'est une idole païenne et, comme toutes les idoles, corruptrice ; c'est l'anthropomorphisme antique agrandi, ou plutôt dégradé en naturomorphisme : ils unissent la nature et Dieu en les confondant en Dieu-Nature. Mais attendez que tous ces systèmes de confusion et d'identité soient tombés dans le discrédit que méritent et leur principe, l'absurde, et leur conséquence, le vice; attendez le triomphe prochain de la vraie synthèse, celle qui distingue, celle de la raison et de la vertu; laissez le temps pacifique opérer la réconciliation des deux âges, l'âge théologique et l'âge naturaliste, et derrière la nature et ses merveilles ramener le véritable infini, l'infini d'intelligence et d'amour, alors la matière elle-même deviendra sanctifiante. L'enseigner au peuple sera le moraliser; car elle apparaîtra à l'humble écolier de nos groupes scolaires ce qu'elle apparaissait à Newton, l'illustre précurseur de la philosophie du XX^e siècle : Newton dans la nature voyait Dieu.

Et c'est pourquoi la matière le sanctifia.

Le 4 février 1886, M. le Ministre de l'instruction publique, parlant de la grande œuvre « du développement et de la transformation de l'éducation nationale et de l'instruction populaire, » citait au Sénat français cette parole de Kant :

« Il y a deux choses dont la majesté nous pénètre d'admiration et de respect : le ciel étoilé au-dessus de nos têtes et la loi du devoir au fond de nos cœurs. » Et résumant dans ce double culte du grand philosophe tout le programme de l'enseignement républicain, M. le Ministre opposait, sur le premier point, au vieil enseignement clérical, l'idéal scientifique que voici :

« Menez un soir quelques-uns de vos élèves les plus âgés et les plus sérieux, menez-les à la dernière maison du village, à l'heure où s'éteignent les bruits du travail et de la vie, et faites-leur lever les yeux vers le ciel étoilé. Ils ne l'ont jamais vu, ils n'ont jamais été saisis de cette pensée des mondes innombrables et de l'ordre éternel et de l'éternel mouvement de l'Univers. Eveillez-les à ces idées nouvelles, faites-leur apparaître ce spectacle de l'infini, devant lequel se prosternaient les premiers pâtres de l'Asie, et devant lequel tremblait comme eux le génie de Pascal.

« Ouvrez-leur les yeux à ce ciel plein de mondes, qui revient tous les soirs nous rappeler ce que c'est que de nous, en nous mettant face à face avec le véritable Univers.

« Cela aussi, Messieurs, c'est une leçon de choses. Vous ne savez pas l'astronomie? Qu'importe?

« Il ne s'agit pas de science, il s'agit de faire passer dans l'âme de ces enfants, quelque chose de ce que vous sentez.

« Je ne sais quelles choses vous leur direz, mais je sais de quel ton vous leur parlerez, et c'est l'important ; je sais comment ils vous écouteront ; je sais que longtemps encore après que vous leur aurez parlé, ils penseront à ce que vous aurez dit, et je sais aussi qu'à partir de ce jour-là, vous serez pour eux autre chose que le maître d'orthographe et de calcul. »

Certes, voilà de nobles accents, que la droite du Sénat eût dû applaudir comme la gauche.

L'étude de la nature, mieux que cela, l'émotion

devant la nature, voilà bien la note nouvelle qui doit constituer l'originalité de l'enseignement moderne.

Eh bien, — je reviens à ma thèse, — cette instruction scientifique, cette émotion scientifique, atteindra-t-elle son grand but, moraliser ? Améliorera-t-elle ? Les écoliers de l'avenir, en rentrant le soir de leur promenade stellaire, sentiront-ils les bons instincts s'épanouir dans leurs cœurs comme les étoiles au ciel ? Les petits astronomes, les petits chimistes du XX^e siècle, seront-ils plus raisonnables, plus respectueux d'eux-mêmes et des autres, plus libres du mal et du vice, moralement plus forts, plus hommes en un mot, à la fin de leurs études ?

Oui, assurent les républicains.

Hélas, non ! s'écrient les conservateurs.

Je réponds : Tout dépend d'un point.

Il en est de la science comme du feu, comme du vent, comme du pétrole, comme de toutes choses : elle réchauffe ou brûle, assainit ou brise, éclaire ou incendie, elle est un fléau ou un bienfait, ce qu'il y a de pire ou ce qu'il y a de meilleur — suivant l'état philosophique de l'esprit où elle entre.

La philosophie est la science supérieure, qui donne à l'autre son caractère moral, ou immoral. — Car il y a deux états d'esprit philosophiques principaux :

L'état négatif, qui nie Dieu et l'âme ; l'état positif, qui les affirme.

Enseignez à l'enfant les sciences supérieures,

l'âme et Dieu, ou bien niez-les (ou, ce qui revient au même, passez-les sous silence) : tout autre dans les deux cas sera l'effet moral produit par la science inférieure et matérielle. C'est là un fait que l'on peut toucher du doigt. Prenons un exemple :

L'astronomie, dont on parle en plein Sénat, est la plus haute des sciences de la matière, la plus belle, la plus céleste, celle qui de toutes semble le plus apte à justifier la maxime : instruire le peuple c'est l'améliorer.

Eh bien ! que va-t-il sortir de ce spectacle du ciel, pour l'âme qui le contemple? Quels conseils va nous donner la nature? Vice ou vertu?

Ecoutons. Voici deux hommes. Tous deux contemplent le ciel. Les voilà saisis pour la première fois peut-être, « de cette pensée des mondes innombrables et de l'ordre éternel et de l'éternel mouvement de l'Univers. » Ils s'éveillent « à ces idées nouvelles, à ce spectacle de l'infini devant lequel se prosternaient les premiers pâtres de l'Asie et devant lequel tremblait comme eux le génie de Pascal. » Ils ouvrent les yeux « à ce ciel plein de mondes, qui revient tous les soirs nous rappeler ce que c'est que de nous, en nous mettant face à face avec le véritable univers. »

Mais de ces deux spectateurs, le premier est spiritualiste, ou pour mieux dire, surnaturaliste : il croit que la nature n'est pas la seule réalité, ou mieux, que la nature matérielle n'est pas la seule nature : il croit à des existences supérieures, indépendantes : les âmes, Dieu. Son symbole se résume en deux mots : l'âme au-dessus de l'Univers, Dieu au-dessus de tout.

Il croit à un monde invisible, idéal, immatériel mais réel, dont l'autre n'est que l'image.

Quelle impression va produire sur cet homme le spectacle du firmament étoilé ?

Une double impression : Il s'écriera avec le poète :

Mon Dieu, que l'âme est grande, et que l'homme est petit ! (1)

L'homme est une bête par son corps, et cette bête se croit quelque chose : elle est fière d'elle-même, elle est fière de sa demeure, la terre : l'astronomie détruit toutes ces fiertés d'en bas. Elle dit à la terre : tu n'es qu'un atome, et à l'homme : tu n'es qu'un néant. Sous ces lointains Uranus dont chaque année est un siècle, sous ces millions de soleils pour qui les six mille ans de notre humanité sont un jour, la vie d'un homme devient minute. Je nais et j'expire, et dans cet océan de la vie universelle, mon existence est une vague légère. Moins que cela : une simple ride, nous dit Flammarion, — le rêve d'une ombre, s'écrie Pindare.

Voilà donc le premier conseil que nous donne la science : le mépris de nous-mêmes.

---

Mais mon spectateur ne croit pas qu'à la nature, il croit à l'âme, il croit à Dieu. Aussitôt une seconde

(1) V. Hugo, *les Quatre Vents de l'Esprit.*

impression l'envahit: la grandeur de son âme : il la sait supérieure à l'Univers, et l'Univers est si beau! L'attachera-t-il désormais aux biens terrestres et corporels, si petits, elle si grande? Le corps et la terre ne sont plus rien : l'âme devient le tout de l'homme, et c'est d'elle qu'il se préoccupera désormais. Sa foi est que l'âme est faite pour Dieu lui-même, si elle travaille par la vertu à s'en rendre digne. Spiritualiste, il croit cela depuis longtemps et cherche à le pratiquer, mais quel encouragement, quelle excitation nouvelle son essai de vie morale ne puisera-t-il pas dans la science? L'Univers n'est rien devant Dieu, lui a dit sa foi, — et la science vient lui dire: l'Univers est sublime. La conclusion du syllogisme ne sera-t-elle pas l'adoration? Dès lors la vertu, qui pour lui est le chemin vers Dieu, ne lui sera-t-elle pas plus facile? L'enthousiasme qui donne des ailes au génie de l'homme, n'en donnera-t-il pas à sa bonne volonté? Quelles splendeurs! Le soir je lève les yeux: le ciel est plein de milliards de mondes. Dans ma chambre, je me croyais un personnage, et la terre m'engloutit, et je ne suis plus rien. Et qu'est-ce que la terre dans l'océan étoilé? une gouttelette. Et qu'est-ce que notre système solaire? une goutte. Et notre voie lactée? un flot. Gouttelette de dix mille lieues de tour et encombrée de merveilles, que des millions de savants n'ont pas encore épuisées! Goutte de deux milliards de lieues de diamètre, où nagent, à travers deux cents planètes, ces microbes qu'on appelle Saturne, Jupiter, Uranus, entourés de lunes plus grosses que notre monde! Flot lacté roulant dix-huit millions de systèmes solaires, effleurés à peine par le télescope humain! Et tout cela n'est qu'une vague, tout cela n'est qu'une goutte; et la mer ne les compte pas.

La Mer! j'ai vu la mer! des flots, des flots encor!
L'oiseau fatigue en vain son inégal essor:
Ici les flots, là-bas les ondes.
Partout des flots sans fin par des flots repoussés;
L'œil ne voit que des flots, dans l'abîme entassés,
Rouler sous les vagues profondes!

V. HUGO.

Et l'océan continue, déroulant par-delà les horizons les plus lointains que la pensée puisse concevoir, au-delà des bornes les plus extrêmes où l'imagination fatiguée puisse reposer ses ailes, la série indéfinie des univers qui se succèdent et des créations qui s'entassent, et des mines de soleils et des merveilles inconnues.

Et tout cela est-il Dieu, comme le disent les panthéistes?

Pour mon croyant, non. Tout cela n'est rien devant Dieu! — Cette grandeur n'est que l'ombre de la grandeur, cette beauté n'est qu'un reflet de la beauté de l'Être qu'il adore et qu'il espère.

Comprenez-vous maintenant l'importance de la nature, et l'effet moralisateur de la science sur un spiritualiste?

La nature est pour lui comme un terme de comparaison sublime, et la science a ce résultat d'agrandir sans cesse, d'exalter jusqu'à l'adoration, jusqu'à l'amour, jusqu'à l'enthousiasme de la vertu, l'idée de Dieu, l'idée moralisatrice par excellence.

J'ai supposé un croyant. Voici maintenant un incrédule. J'entends par là un homme qui ne croit qu'à la nature, pour qui Dieu n'est rien (Taine), que l'idéal abstrait (Renan), que le fond même de la nature (Vacherot).

Faites de cet homme un savant, mettez-le en présence « des mondes innombrables et de l'ordre éternel et de l'éternel mouvement de l'Univers » : que deviendra sa vie morale? — (à moins que ce spectacle ne lui révèle l'intelligence infinie et personnelle et ne l'arrache à son incrédulité;)... mais s'il reste incrédule, quelle sera l'influence de ce splendide abîme sur la moralité de cet homme? Quel conseil va lui donner la science? La réponse est claire : le premier des deux conseils et le premier seulement des deux conseils qu'elle donne au croyant. A celui qui croit, le gouffre étoilé dit deux choses : « Tu es petit, mais sois sage, car Dieu est grand. » Ce maître améliore son écolier, et la science est morale. Mais plongez dans ce même océan de la nature, dans ce même chef-d'œuvre de l'astronomie moderne, un matérialiste quelconque, brut ou raffiné en panthéiste (raffiné lui-même en *nouveau spiritualiste*); un athée quelconque, aussi pieux, aussi dévot que vous voudrez, mais ne concevant que la nature, et pour qui « le monde est la réalité de Dieu » (Vacherot). A cet homme, à ce morceau du grand Tout, que dira le ciel étoilé? Ce que dit le colosse à l'atome : Tu es petit. Rien de plus et la leçon est terminée. C'est une leçon d'humilité, mais d'humilité mauvaise. Car il y a une humilité mauvaise, un mépris de soi immoral : comme le saint, le débauché se méprise, mais autrement. Et ce qui fait la différence de ces deux mépris, hideux et sublime, c'est précisément la différence des philosophies qui les inspirent : l'un se sacrifie à Dieu, l'autre à la nature divinisée, et plus cette nature divinisée apparaîtra grande et magnifique, et étoilée de millions de soleils, plus l'homme moral abdiquera devant elle, et perdu dans cet engloutissement universel, s'oubliera lui-même, mais pour dire qu'importe? à tous ses vices et à toutes ses vertus. La vue de l'immensité pour l'incrédule est forcément démoralisatrice, et la science, mauvaise conseillère, ne lui prêche son néant que pour l'abrutir.

Il y a donc dans la maxime nouvelle : Instruire le peuple c'est l'améliorer, deux vérités capitales : oui, la haute instruction, celle qui enseigne Dieu et l'âme, est une éducation véritable; oui, l'instruction inférieure elle-même, celle qui se contente de la matière et qu'on appelle aujourd'hui par un abus de mots « la science », est une force puissante de moralisation, elle aussi, mais à une condition : qu'on la relie à l'instruction supérieure. Unies, ce qui n'a pas eu lieu encore, elles doubleront l'une par l'autre leur valeur amélioratrice : car la lettre et le sens, l'image et l'idée, le monde et Dieu, l'invisible et le visible se renforceront l'un l'autre, et la foi s'enflammera à la science et la science s'élèvera à la foi. Que dis-je? tout est science et tout est foi : est-ce que nous voyons le ciel plein de mondes? Ce que nous nommons la science n'est que la foi en la matière; ce que nous nommons la foi c'est la science même de l'esprit. L'œil voit les faits, l'esprit *voit* les causes, comme le disait M. Chevreul le jour de son centenaire. La grande philosophie va de l'atome à Dieu. Enseignez tout : c'est l'instruction complète qui améliore, et l'instruction peut l'être aujourd'hui. Quelle puissance, si l'on voulait en user! Mais l'humanité a la cervelle étroite. Il y a quatre siècles, on ne savait rien de la nature, et si les cieux racontaient la gloire de Dieu, c'était pour le prophète, mais les yeux n'avaient pas encore ce sublime tableau vivant de la majesté divine. Excitant moral qui manquait. De Dieu, on avait *l'idée*, sans l'image : c'était l'âge des docteurs et des formules théologiques. Depuis trois siècles la création se dévoile dans une croissante magnificence, et *l'image* apparaît, radieuse. Newton incline sa puissante tête dans le respect et l'adoration, et Képler sous le ciel étoilé entonne l'hymne des temps modernes. Mais un ricanement se fait entendre : on progessait vers la nature, Voltaire arrive et l'on s'éloigne de Dieu.

Le prodigieux élan imprimé vers la nature par les premiers génies du XVII^e^ siècle ne cesse pas pour cela, mais ce progrès scientifique est perdu désormais pour la morale, et l'accroissement de vertu et de bonheur qu'il promettait à nos siècles se change en un accroissement de vices et de souffrances — parce qu'au moment où se dévoilait l'Image, Voltaire a ri de l'Idée. Coïncidence effrayante! Et nous en verrons d'autres. La route du progrès moral, du vrai progrès de l'humanité est constamment barrée par quelqu'un, et les grands élans de tous genres, scientifiques, littéraires, philosophiques, politiques, sont annulés moralement et n'aboutissent qu'à un peu plus de licence, parce qu'à leur point de départ ils se sont séparés de Dieu. C'est l'histoire de la révolution, du romantisme, de tous les grands mouvements modernes. A première vue, ils pèchent par excès : point du tout, ils pèchent par défaut, par ce défaut de largeur d'esprit qui en dehors de la nature et de l'humanité ne voit rien. Il y a en eux deux faces : l'une positive (l'acclamation de la liberté), et c'est la bonne ; l'autre négative (la répudiation de Dieu), et c'est celle-ci qui perd l'autre. Et 89 échoue en 93, et le romantisme tombe dans le réalisme. Gambetta nous mène à la Commune et Victor Hugo à l'*Assommoir* et que leur manque-t-il pour nous mener à leur rêve, à la République idéale, à la poésie vivante ? — Dieu.

Oui l'humanité est en marche : à chaque siècle sa vocation progressive l'appelle à un idéal plus grand de liberté et de bonheur. Avance-t-elle en réalité ? Peu. Pourquoi ? parce qu'elle nie. Parce qu'à toute affirmation d'une vérité nouvelle, à toute découverte, à chaque élan dans un monde, elle recule d'un pas dans l'autre ; parce qu'à la vue d'une Amérique, elle est tentée de nier l'Europe ; parce qu'au moment de saluer la liberté ou la nature, elle se détourne de Dieu.

La liberté! la nature! — la République! la Science! — que faudrait-il aujourd'hui pour sacrer ces passions modernes et faire travailler au progrès humain ce souffle du XIXe siècle qui nous secoue? Agrandir notre âme et élargir notre voile; combler les vides de cette philosophie partielle, avare, mi-positive, mi-négative, qui marchande avec Taine l'existence à l'âme, avec Renan la réalité à Dieu, avec Vacherot et Flammarion son indépendance vis-à-vis de la nature; répandre à flots l'instruction complète qui moralise, sans la réduire au monde d'en bas, la matière, qui n'est qu'un détail dans l'universel ensemble, comme la terre n'est qu'un atome dans la splendeur des cieux; opérer non pas comme Hégel la confusion, ce qui est une négation encore, mais la synthèse, la délivrance philosophique des réalités captives dans les différents systèmes; acquérir l'immense largeur d'esprit, dont l'indifférence universelle de Renan n'est que la contrefaçon sceptique; aimer la nature, comme les savants modernes, et Dieu, comme les saints du Moyen Age; croire à la bête humaine, mais croire aussi à l'âme humaine, et sous le grand ciel étoilé « qui revient tous les soirs nous rappeler ce que c'est que de nous en nous mettant face à face avec le véritable Univers, » ne pas refuser aux petits enfants les clartés supérieures d'un autre ciel et la foi en un Etre devant qui ce grand tout n'est rien, et qui toujours crée de nouveaux soleils sans perdre la moindre de nos pensées du regard de l'éternelle Innocence.

Le XXᵉ siècle sera le plus grand des siècles, si son esprit est assez large pour la philosophie la plus vaste, qui n'est autre que la théorie même de la vertu.

## POST-SCRIPTUM

Arrivé, et par une voie plus sûre que les captieux zigzags des raisonnements intellectuels, au terme de notre voyage philosophique, nous laissons le lecteur, si ce livre a la chance inespérée d'avoir un lecteur, reprendre haleine un instant, avant de l'engager dans un nouveau dédale, où nous lui promettons de n'avoir d'autre fil conducteur que l'honnêteté même, d'autre parti-pris que celui du libre examen et de l'indépendance d'esprit la plus absolue. Nous ajouterons à cet opuscule, si le public lui prête vie jusqu'à sa seconde édition, une deuxième partie : *Que faut-il penser des religions de notre planète ?* La question est à l'ordre du jour, et le moment est venu d'y donner une réponse définitive. Le siècle sceptique, le XVIII<sup>e</sup>, en nous détachant de la religion de nos pères, le siècle chercheur, le XIX<sup>e</sup>, en nous offrant dans un immense tableau l'histoire des religions de l'humanité, nous ont mis dans les conditions les plus favorables à toute critique éclairée et judicieuse : la liberté d'esprit et une science vaste. L'homme autrefois ne choisissait pas sa religion : il commençait par la foi. Nous commençons par le doute, nous comparons, nous jugeons, nous concluons. Et si tous les chercheurs ne sont pas arrivés jusqu'ici à des conclusions identiques, c'est que l'esprit est toujours un peu la dupe du cœur, et qu'il est aussi impossible qu'un abbé de Broglie entreprenne l'étude des religions sans parti-pris catholique, qu'un Renan sans parti-pris incrédule. Seule notre méthode nous met à l'abri de toute illusion possible, de toute perturbation de l'intelligence par le cœur, de toutes les déviations imprimées à l'esprit par les influences de la volonté secrète. Par elle nous avons la prétention de découvrir la vérité quelle qu'elle soit, et de l'imposer à nos adversaires quels que soient ces adversaires.

Car ce n'est pas sur un dogme, admis de quelques fidèles, que nous bâtirons notre édifice. Ce n'est pas sur l'infaillibilité d'un pape, quelque solide qu'elle puisse être, ou sur la base plus ou moins branlante d'une métaphysique plus ou moins discutée : c'est sur la morale, indépendante et universelle, le seul trait d'union qui relie à l'heure présente, d'un bout à l'autre des religions et des philosophies, et même en dehors des philosophies et des religions, toutes les honnêtetés, vraies ou fausses.

FIN.

# TABLE





LYON. — IMP. P. MOUGIN-RUSAND

Lyon. — Imprimerie Mougin-Rusand, rue Stella, 3.

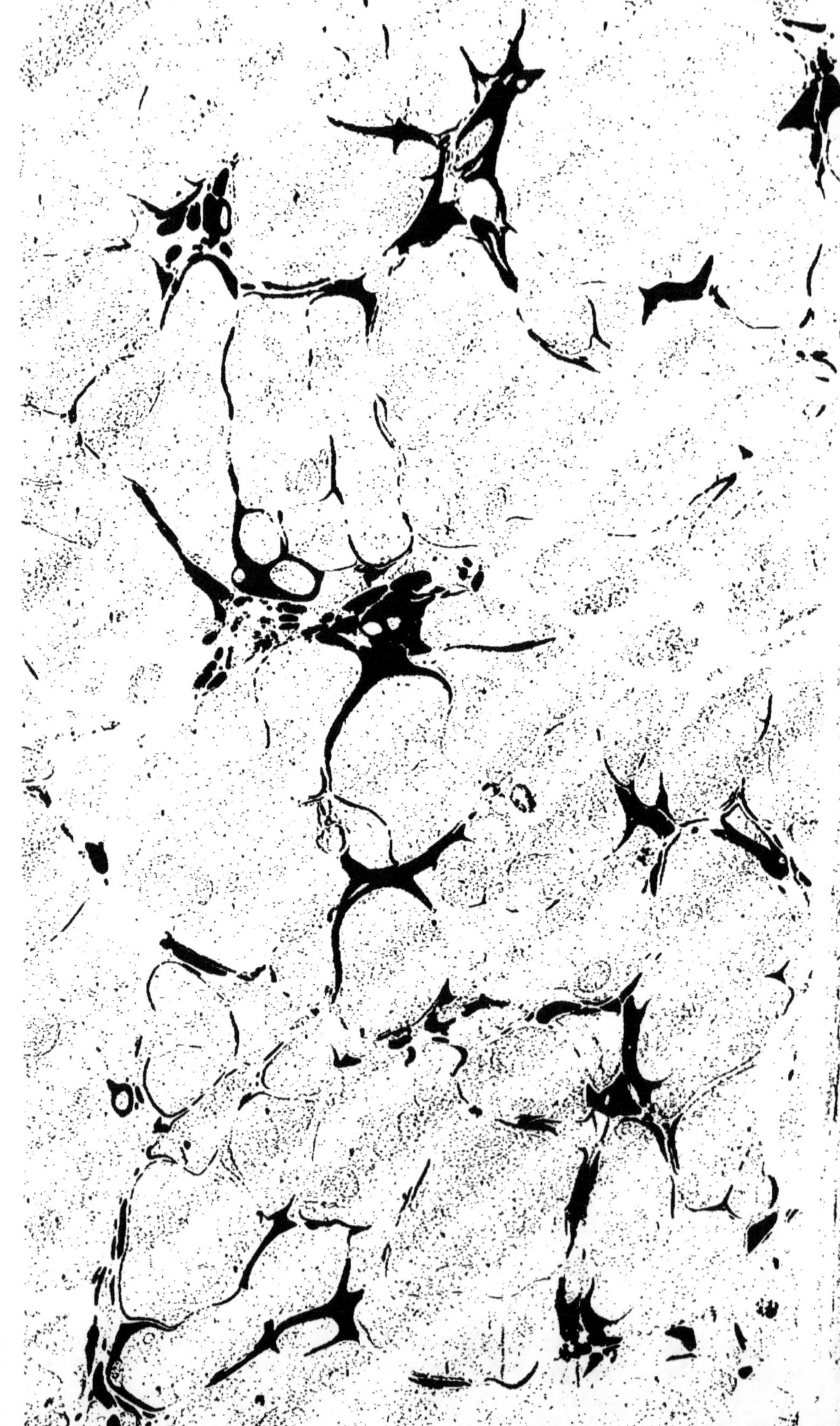

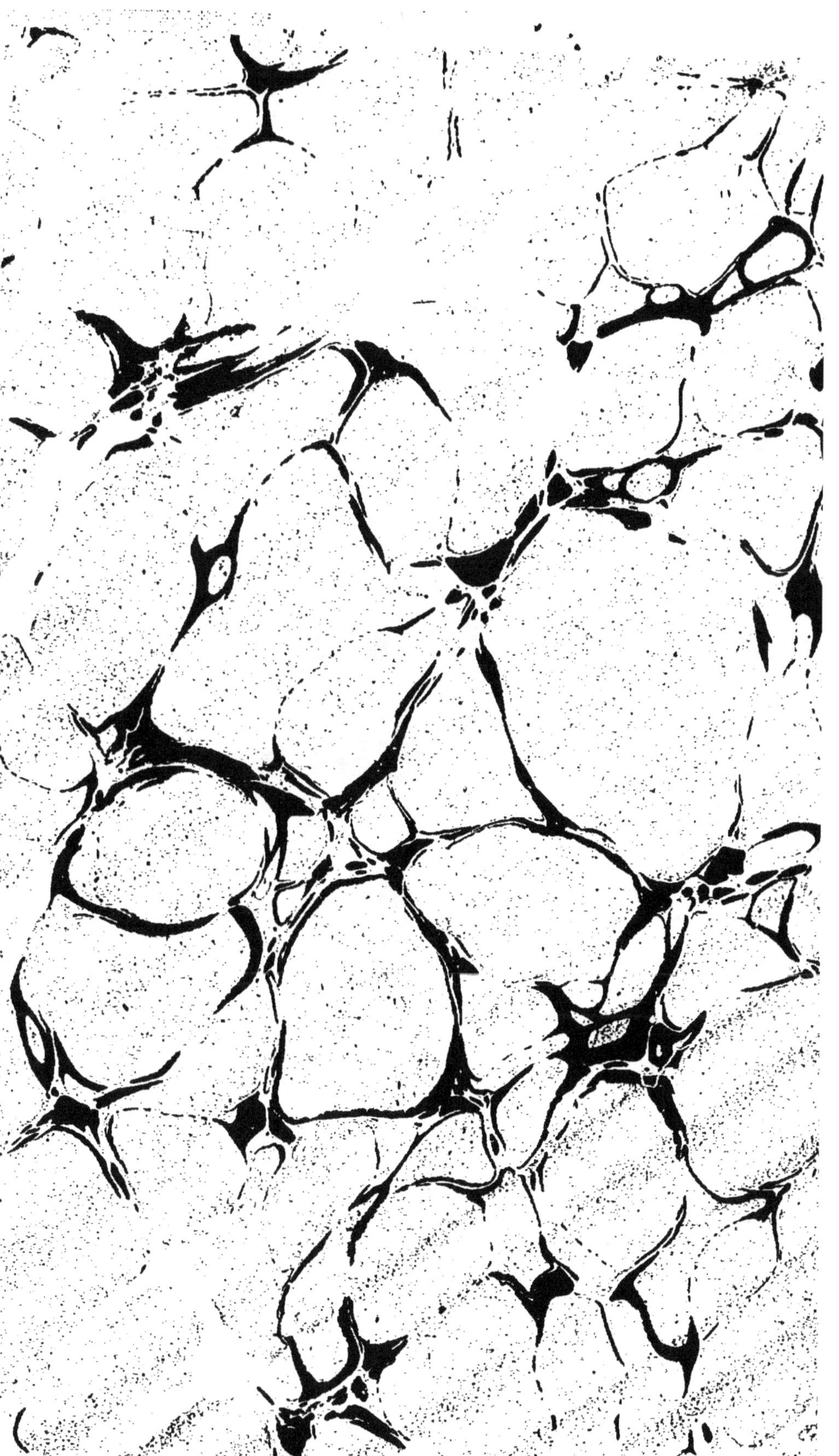

www.ingramcontent.com/pod-product-compliance
Lightning Source LLC
Chambersburg PA
CBHW050007100426
42739CB00011B/2549
*9782012821613*